TAB

TAB

TAB

TAB

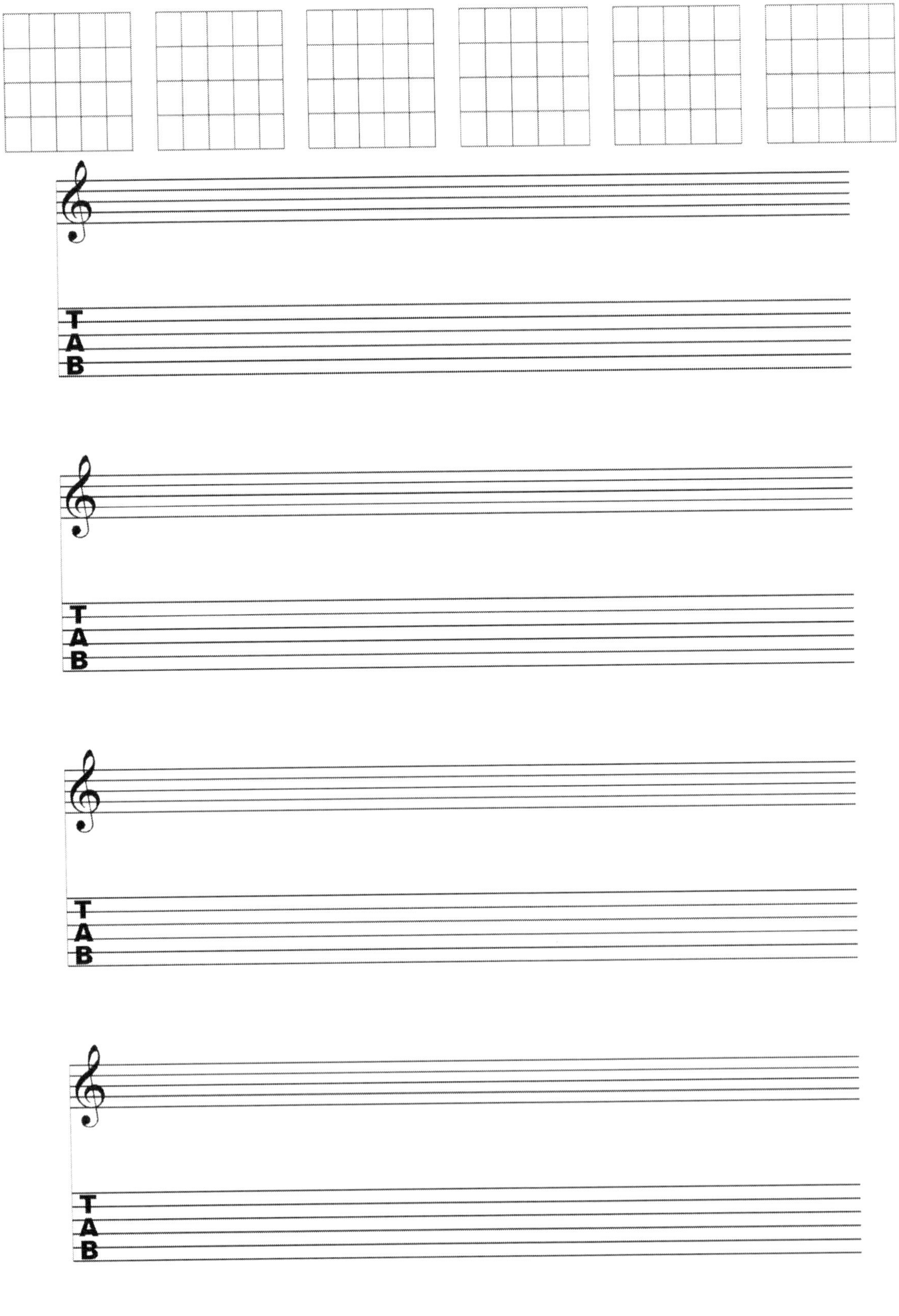
TAB
TAB
TAB
TAB

TAB
TAB
TAB
TAB

TAB
TAB
TAB
TAB

TAB
TAB
TAB
TAB

TAB
TAB
TAB
TAB

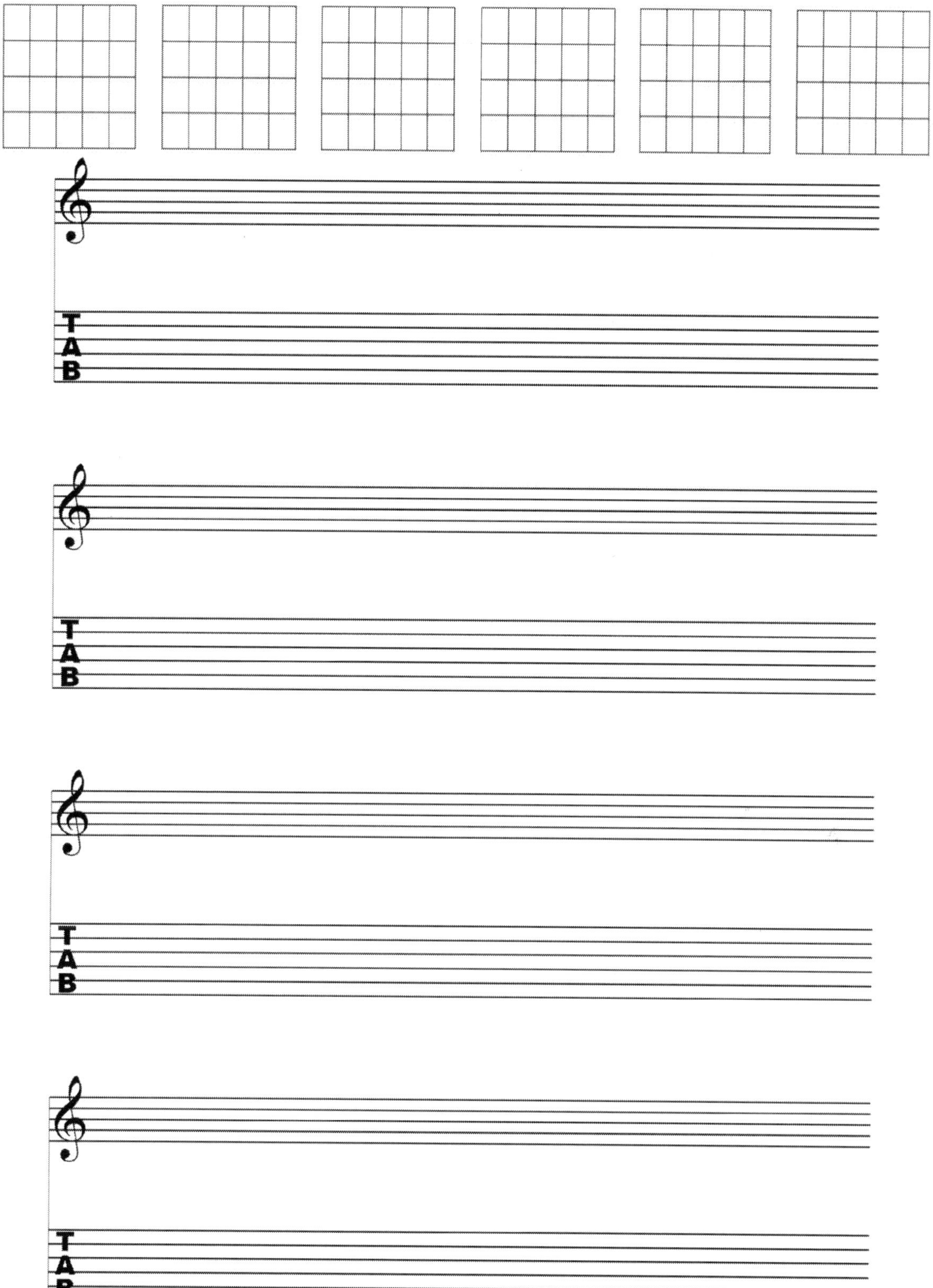
TAB
TAB
TAB
TAB

TAB
TAB
TAB
TAB

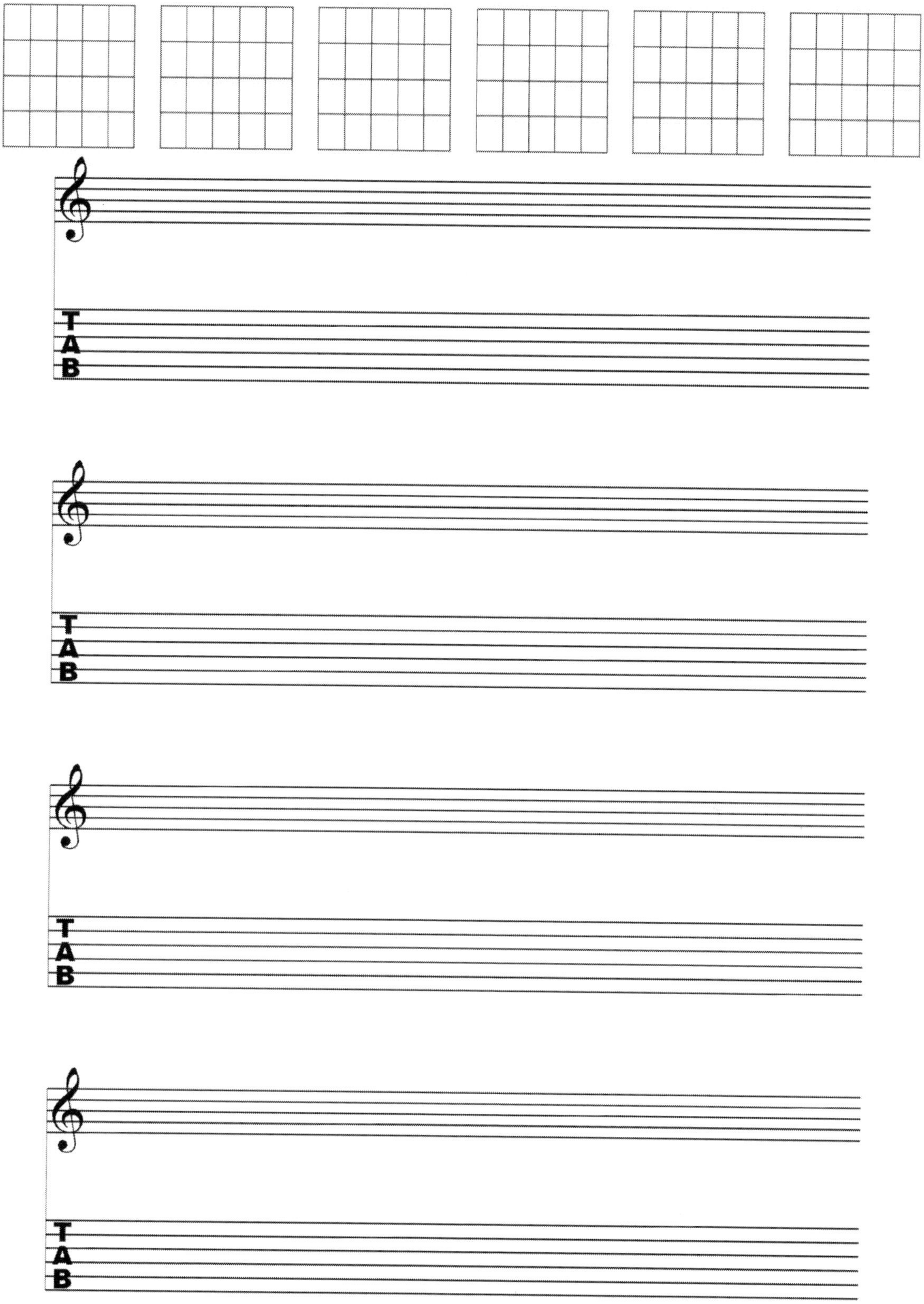
TAB
TAB
TAB
TAB

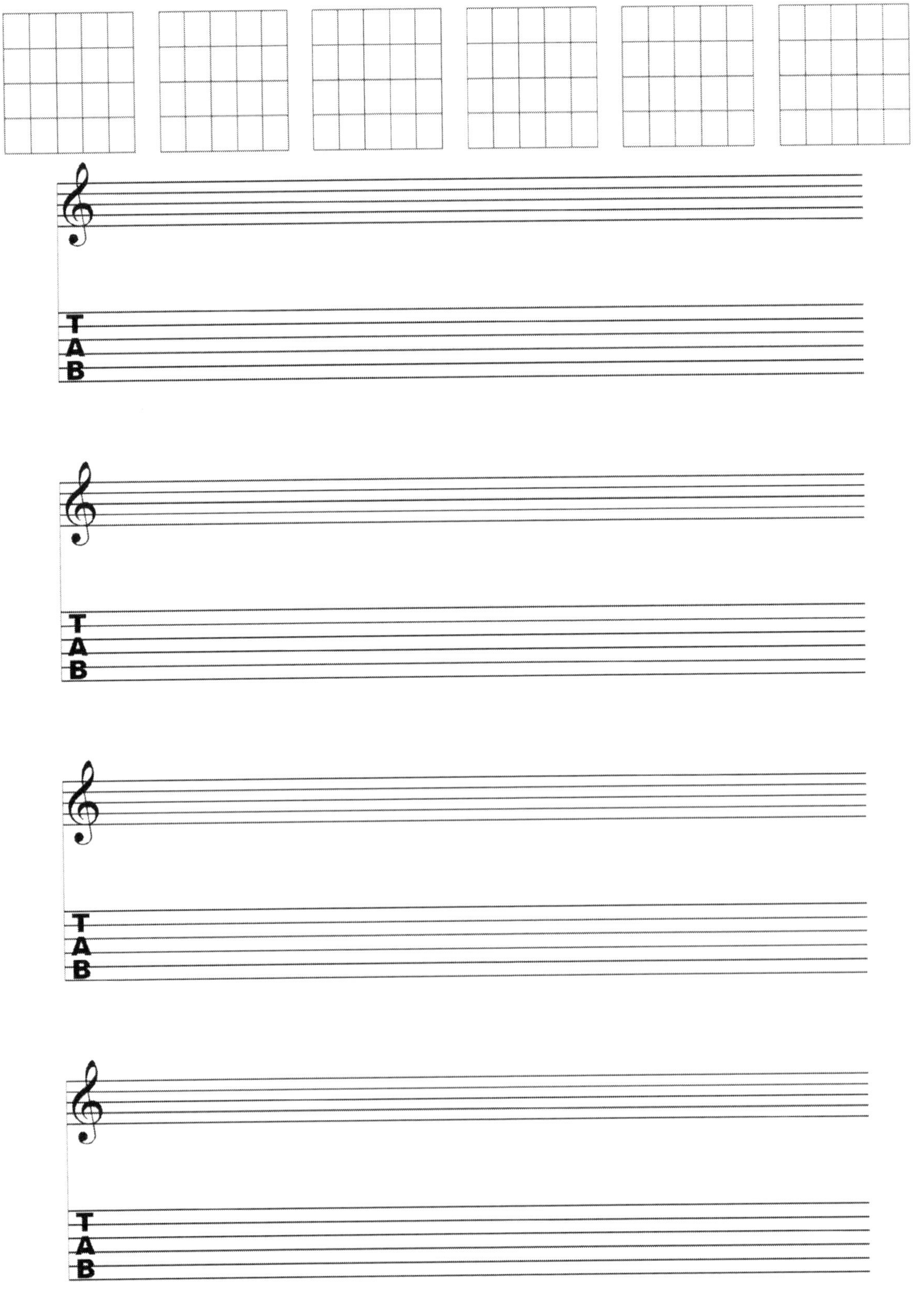
TAB
TAB
TAB
TAB

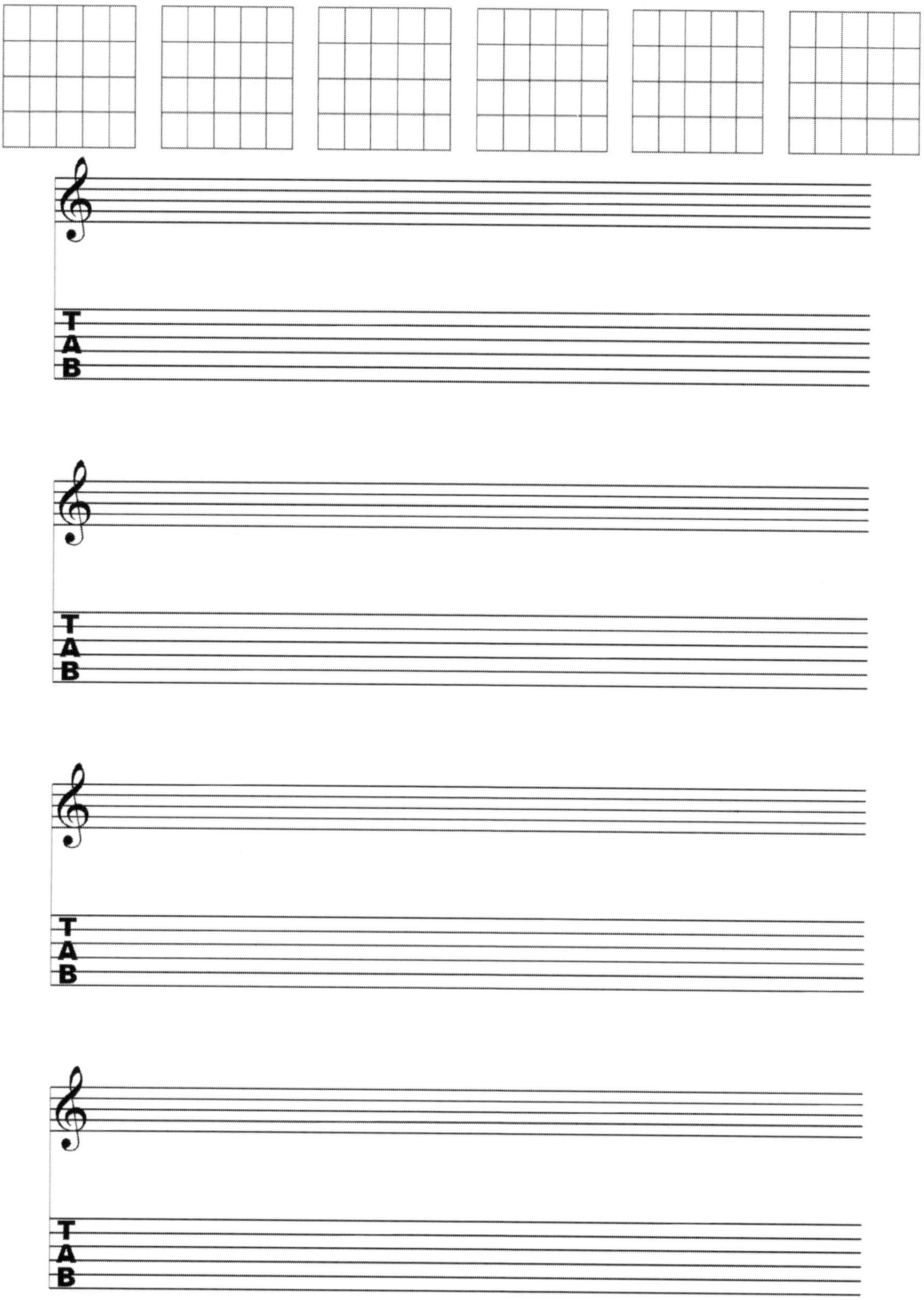
TAB
TAB
TAB
TAB

TAB
TAB
TAB
TAB

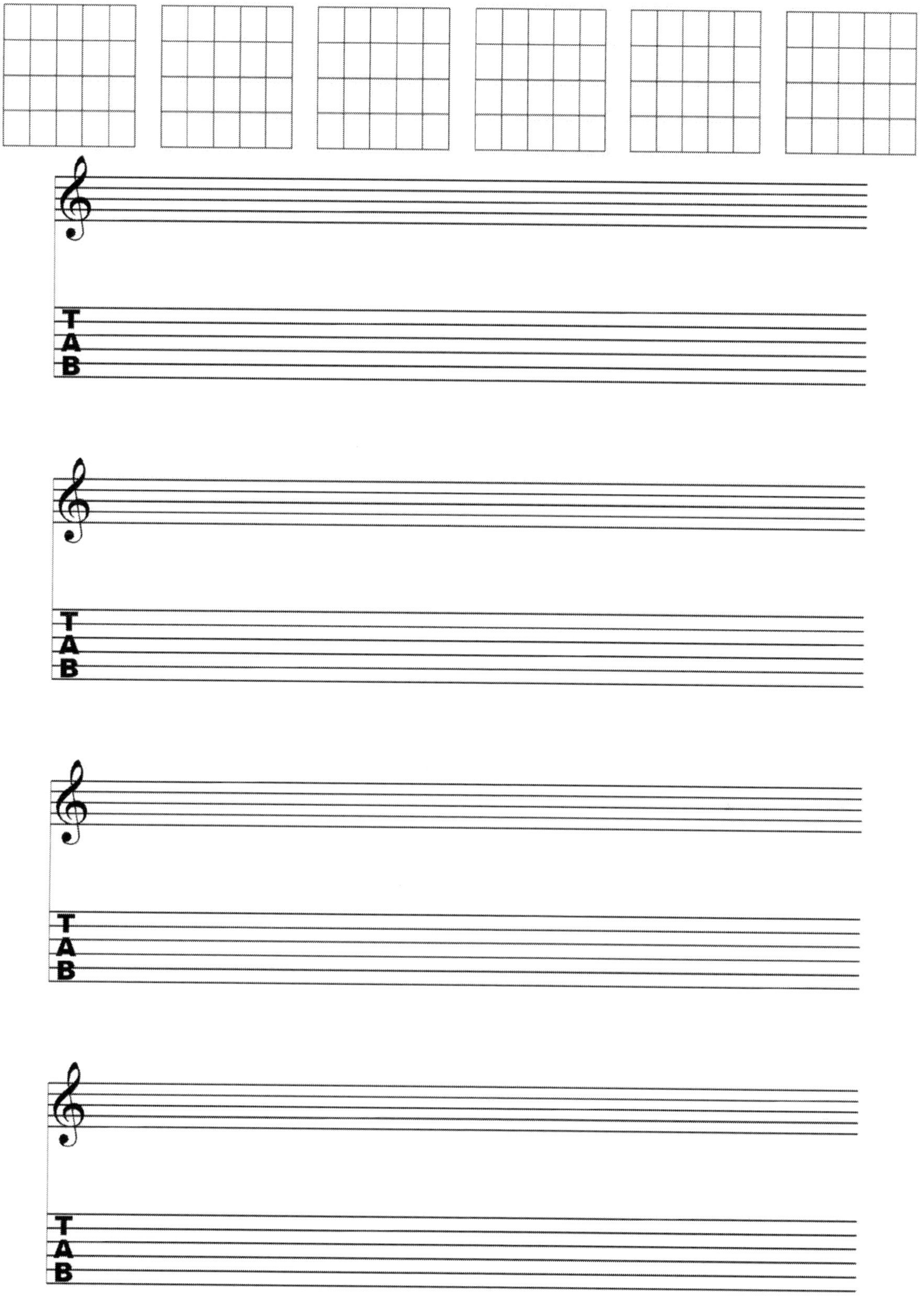
TAB
TAB
TAB
TAB

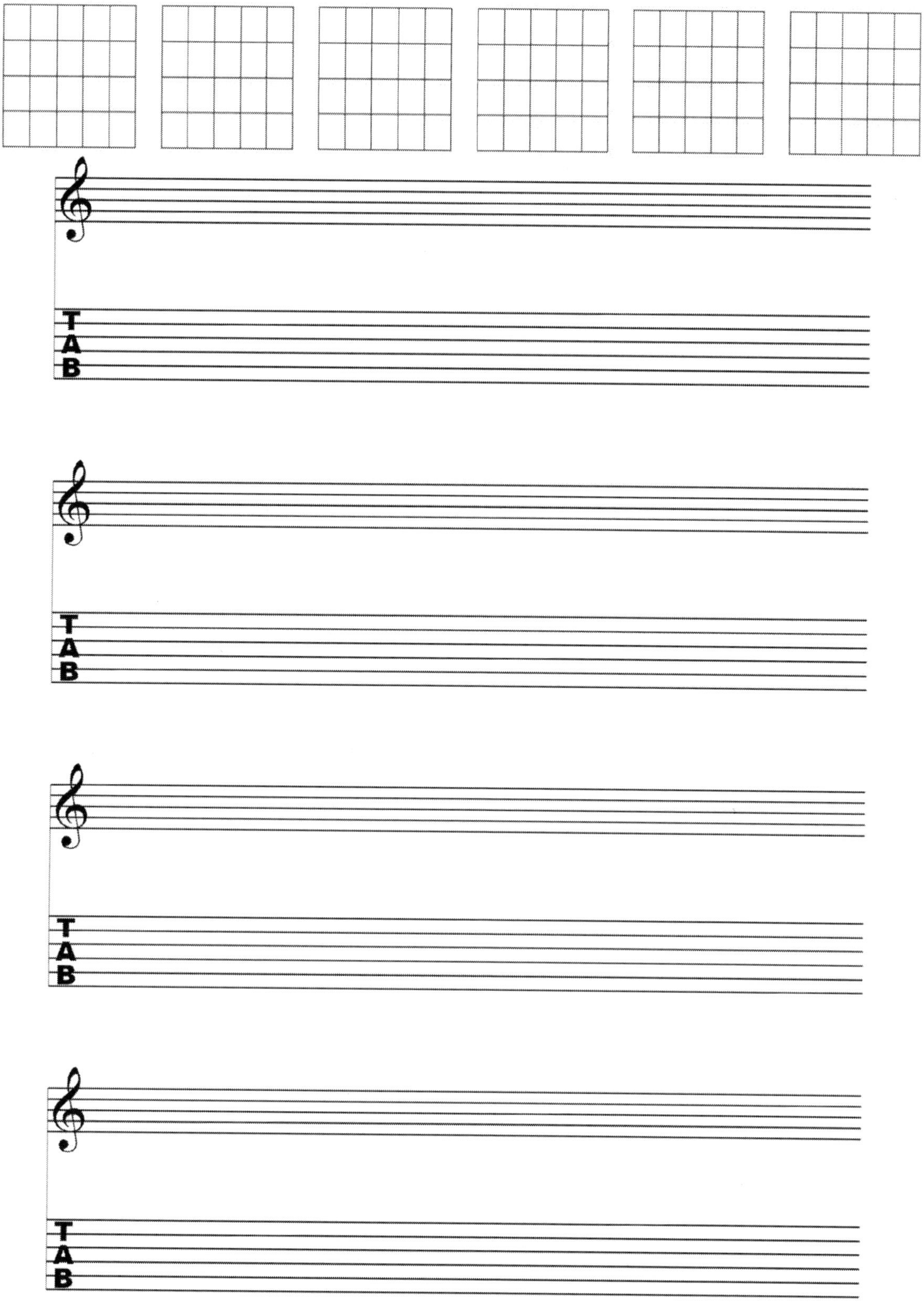
TAB
TAB
TAB
TAB

TAB
TAB
TAB
TAB

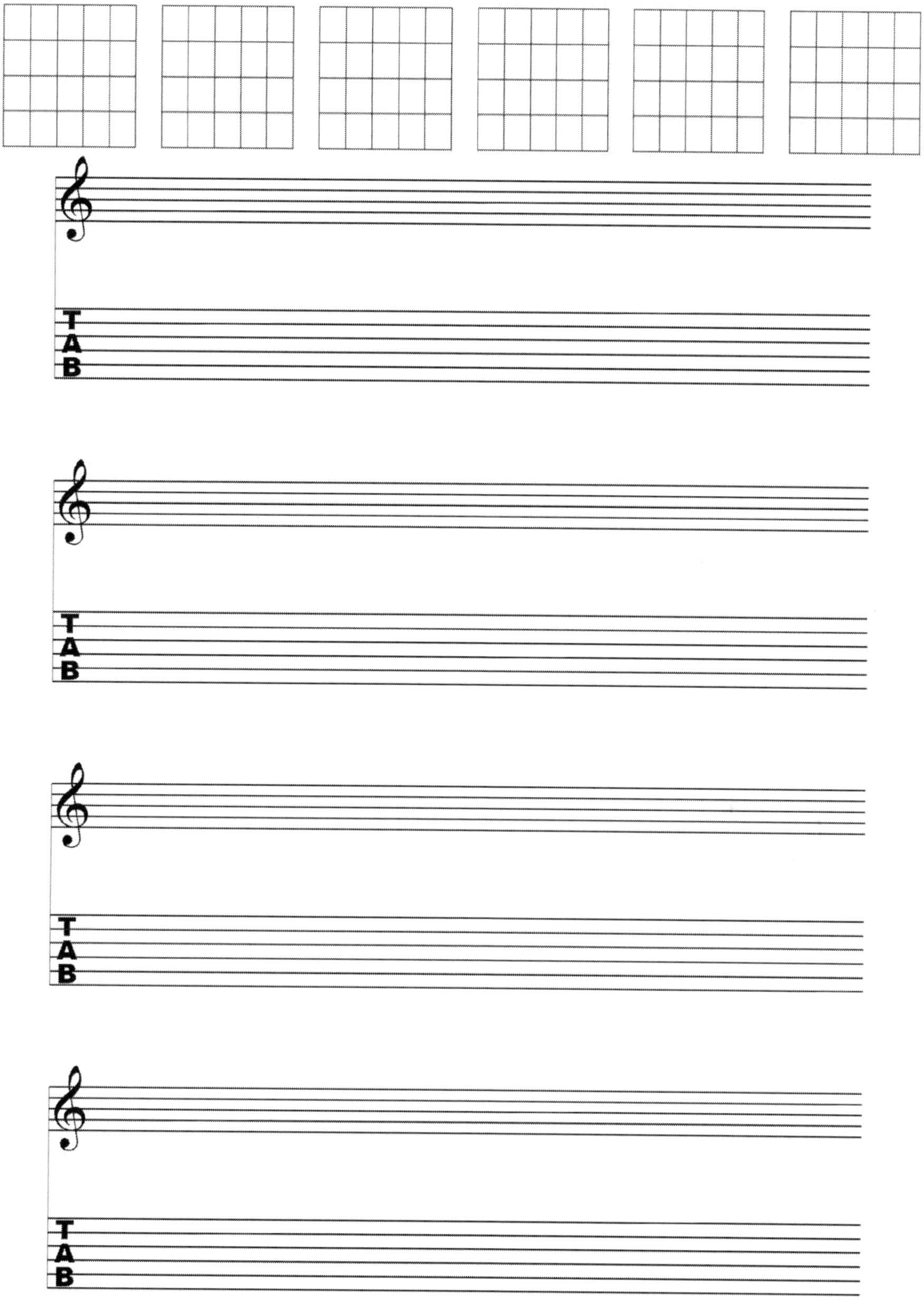
TAB
TAB
TAB
TAB

TAB
TAB
TAB
TAB

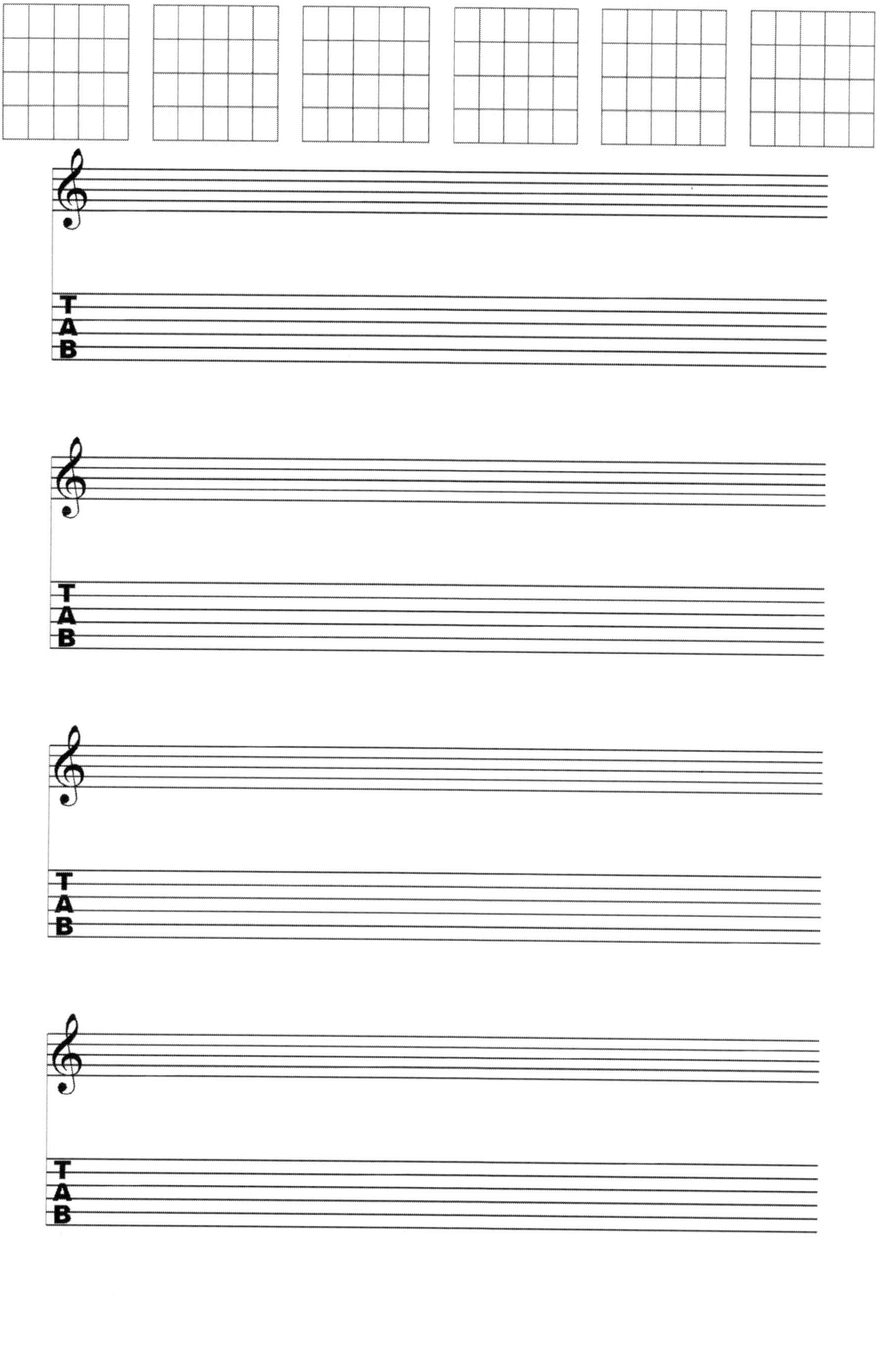
TAB
TAB
TAB
TAB

TAB
TAB
TAB
TAB

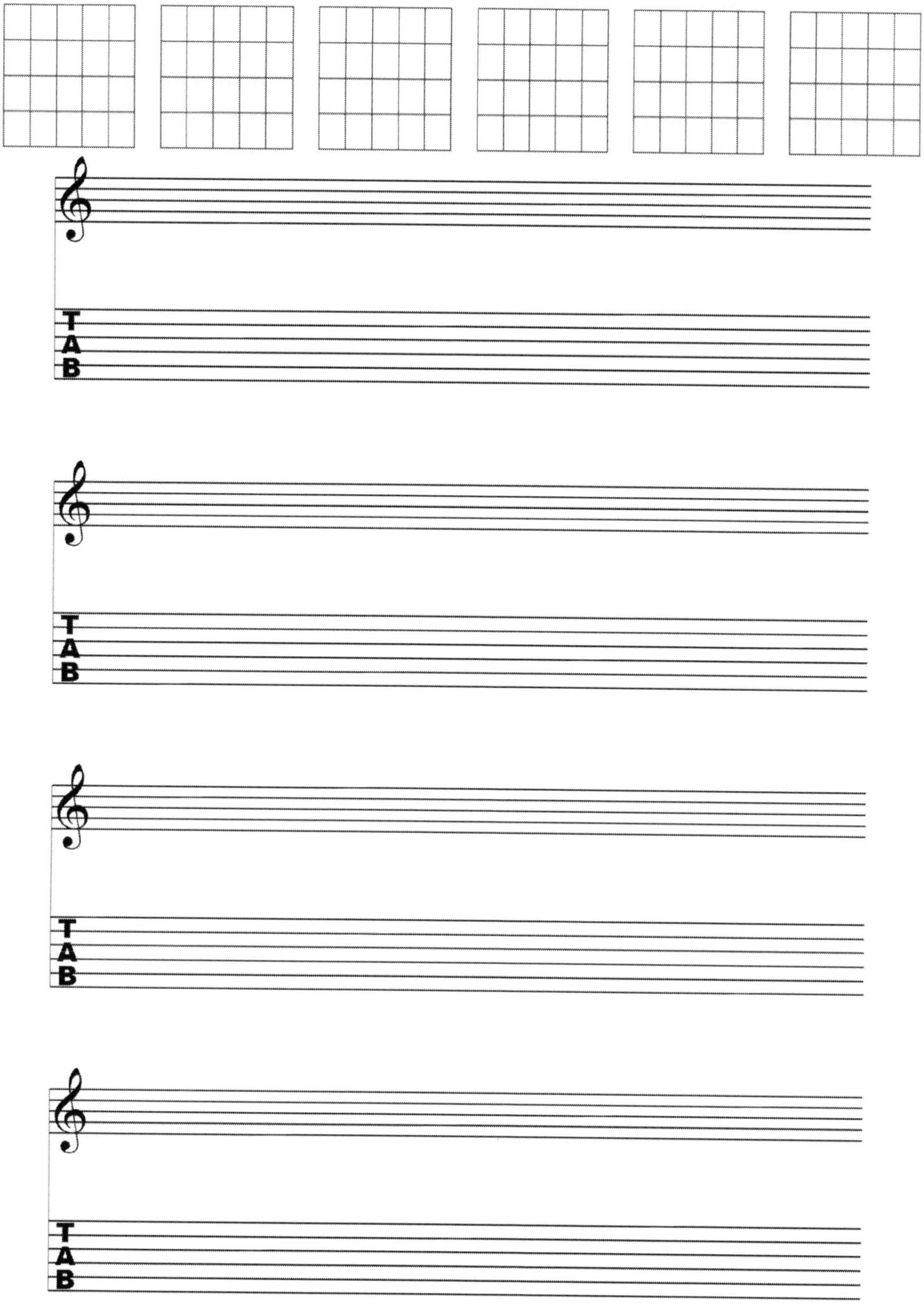
TAB
TAB
TAB
TAB

TAB
TAB
TAB
TAB

TAB
TAB
TAB
TAB

T
A
B
T
A
B
T
A
B
T
A
B

T
A
B

T
A
B

T
A
B

T
A
B

TAB

TAB

TAB

TAB

TAB
TAB
TAB
TAB

T
A
B

T
A
B

T
A
B

T
A
B

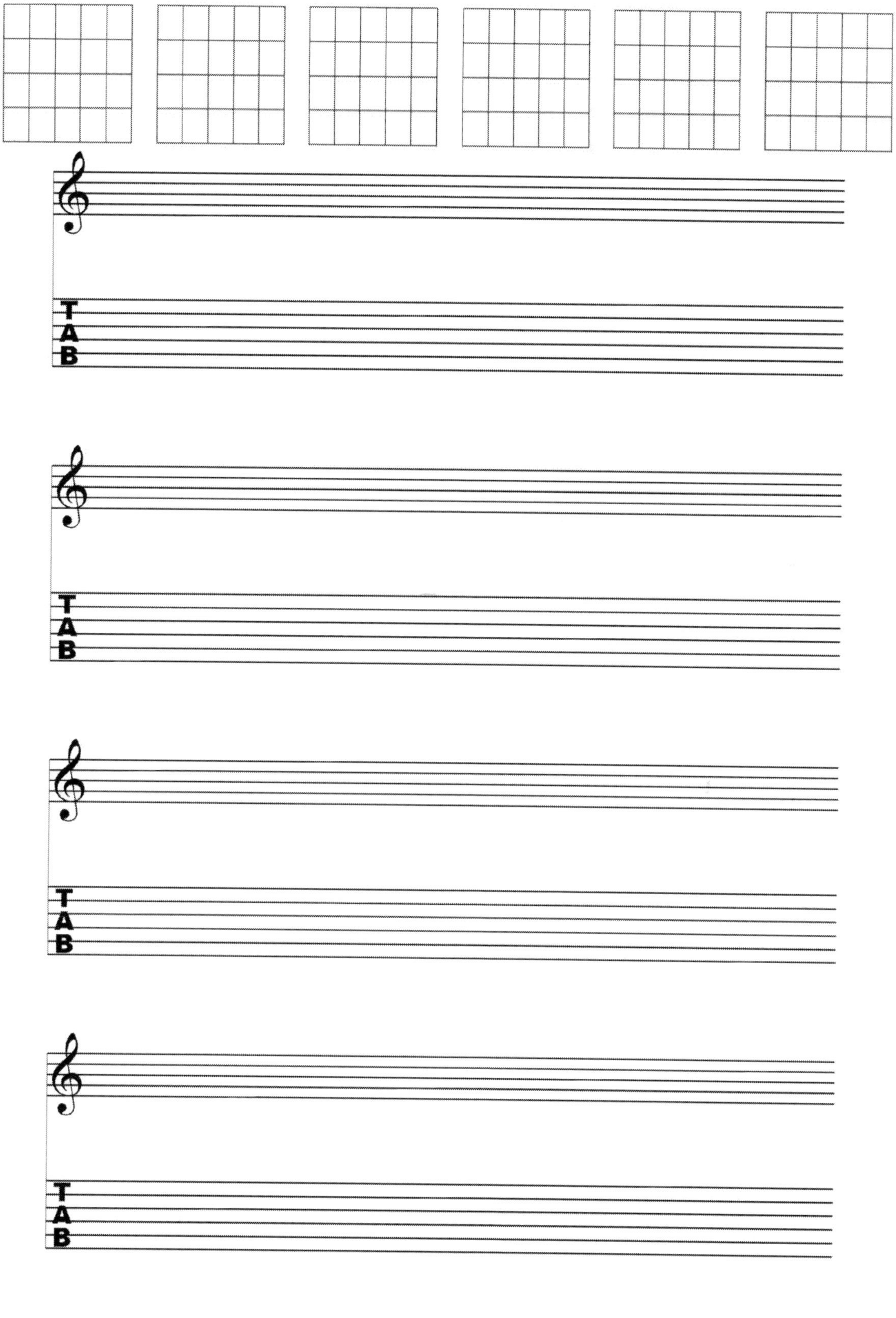
TAB
TAB
TAB
TAB

TAB
TAB
TAB
TAB

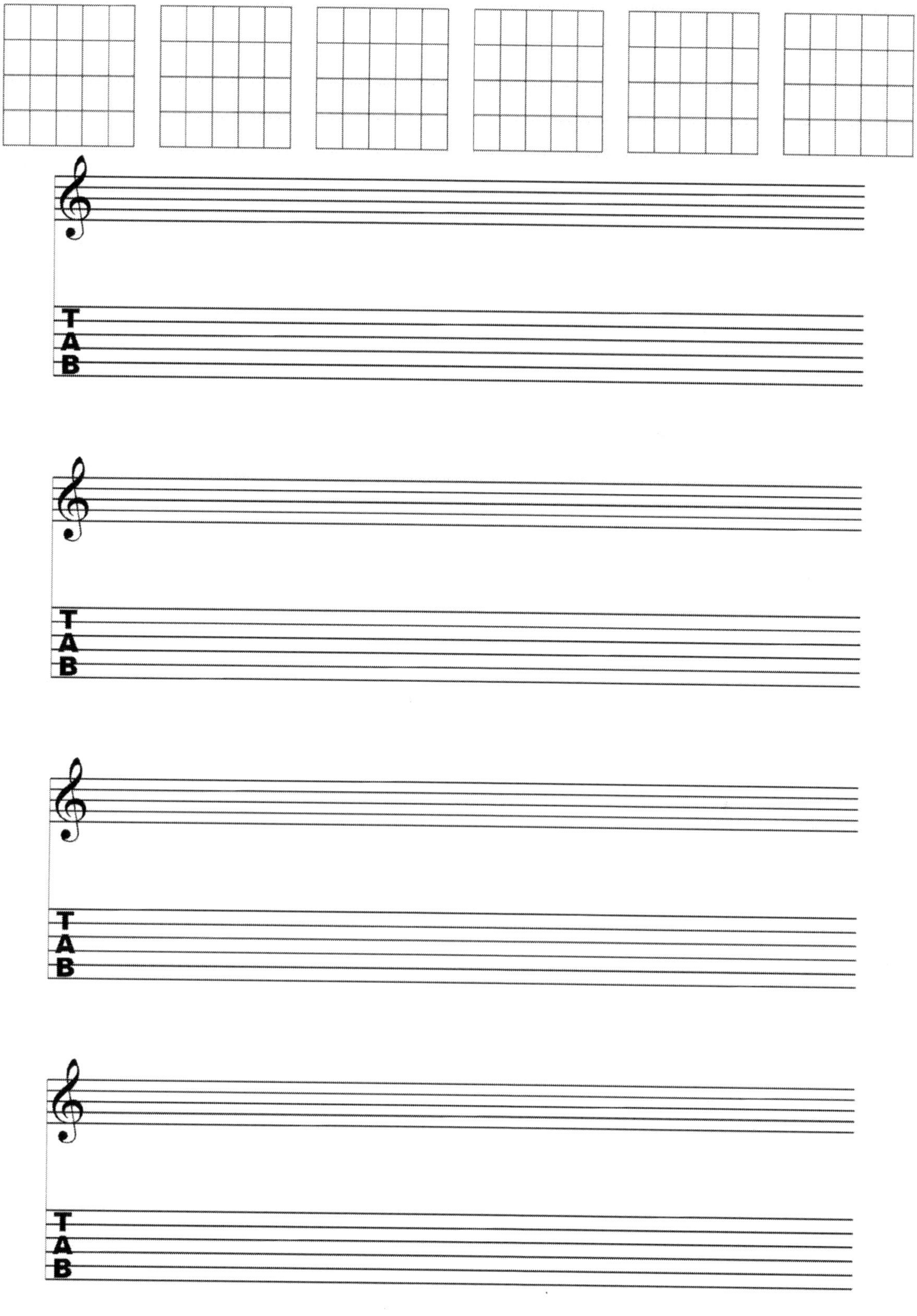
TAB
TAB
TAB
TAB

TAB
TAB
TAB
TAB

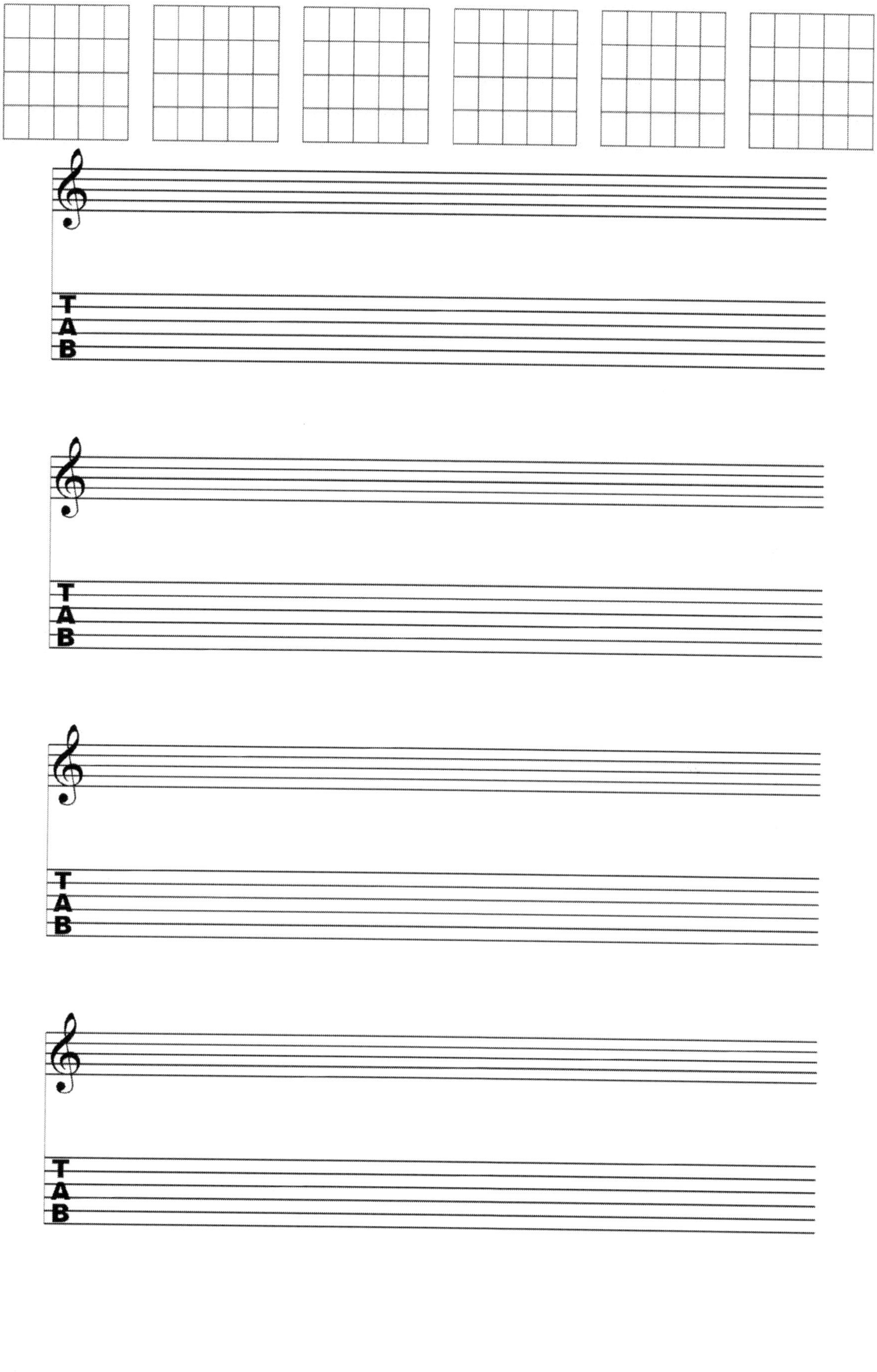
TAB
TAB
TAB
TAB

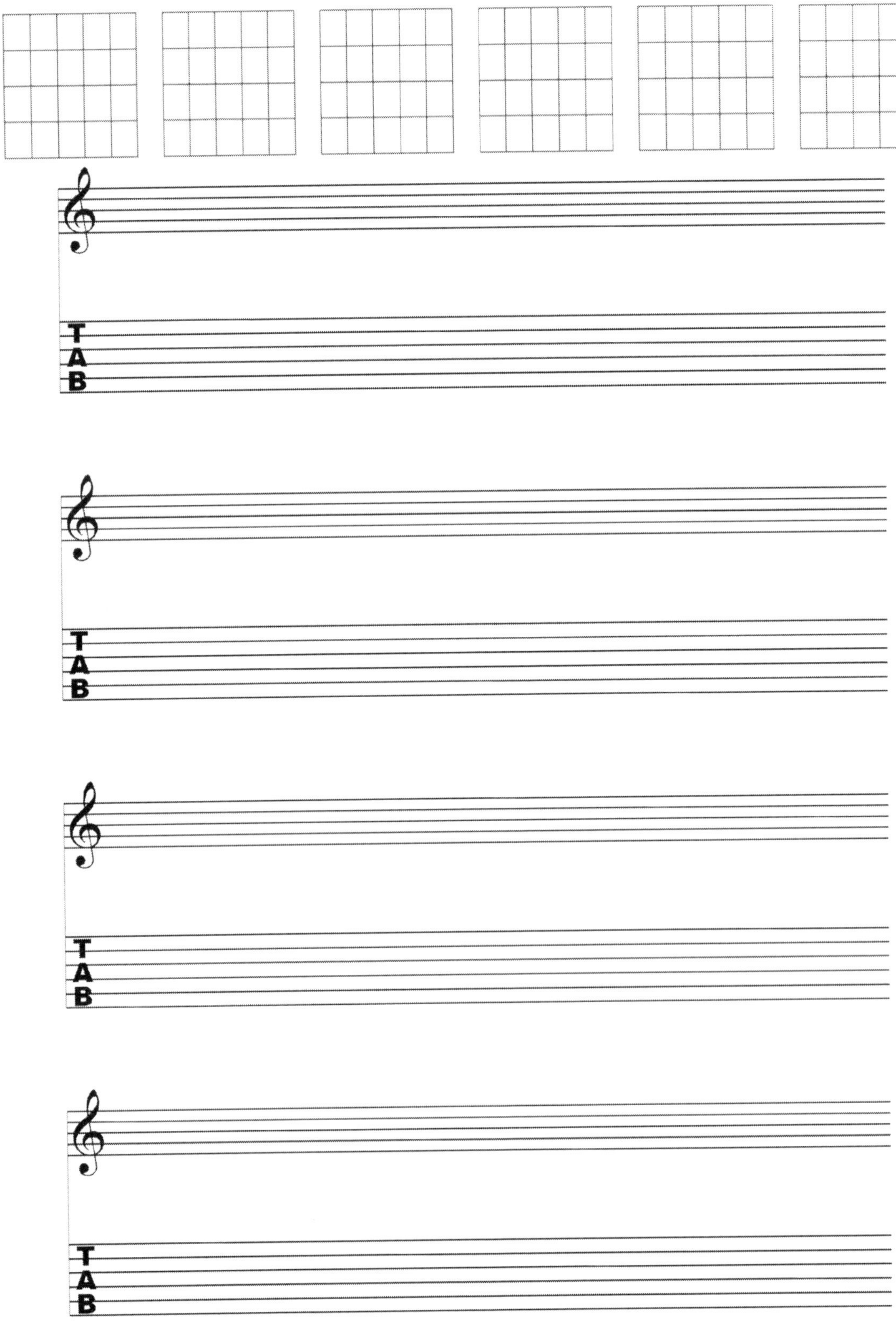
TAB
TAB
TAB
TAB

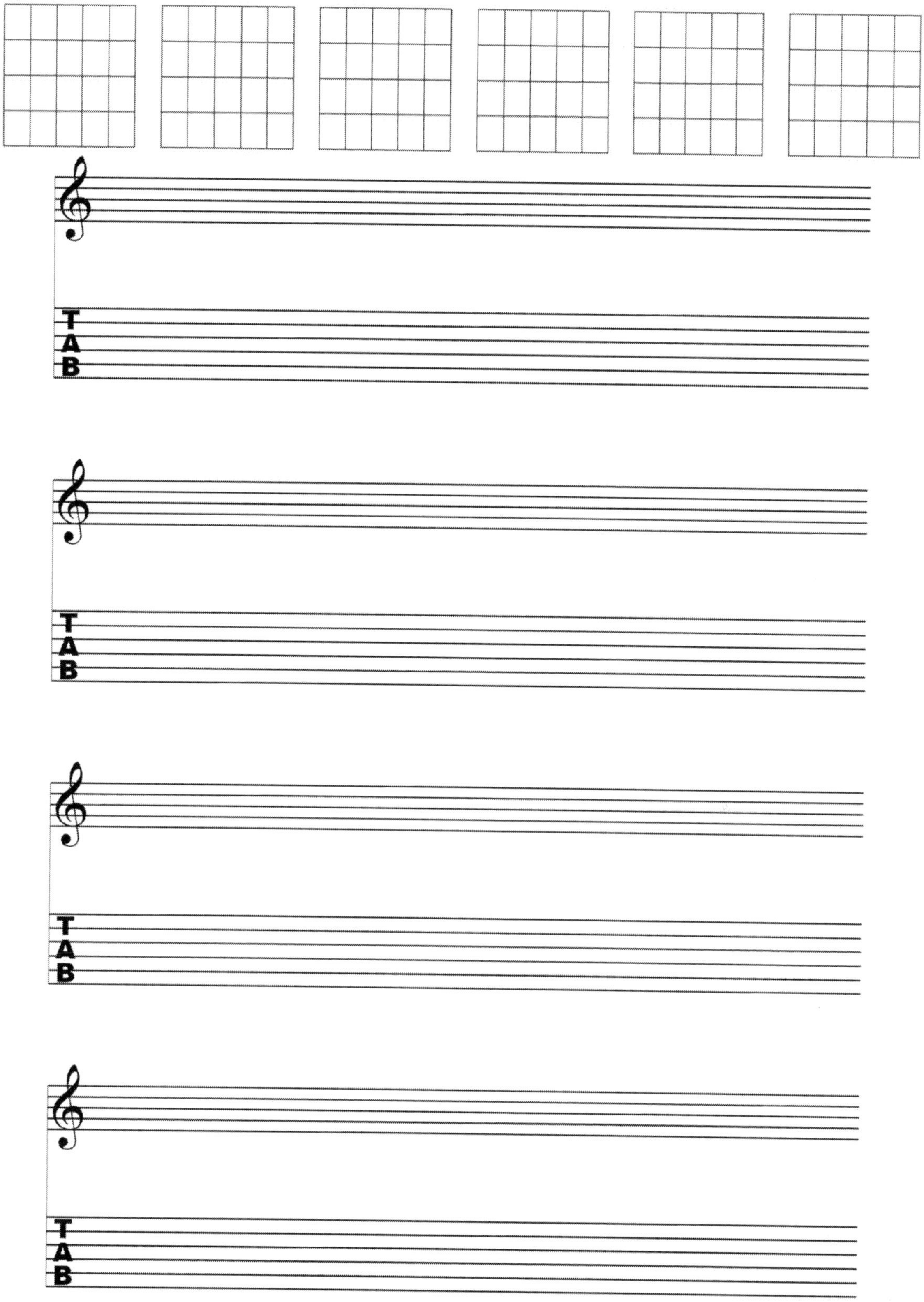
TAB
TAB
TAB
TAB

T
A
B
T
A
B
T
A
B
T
A
B

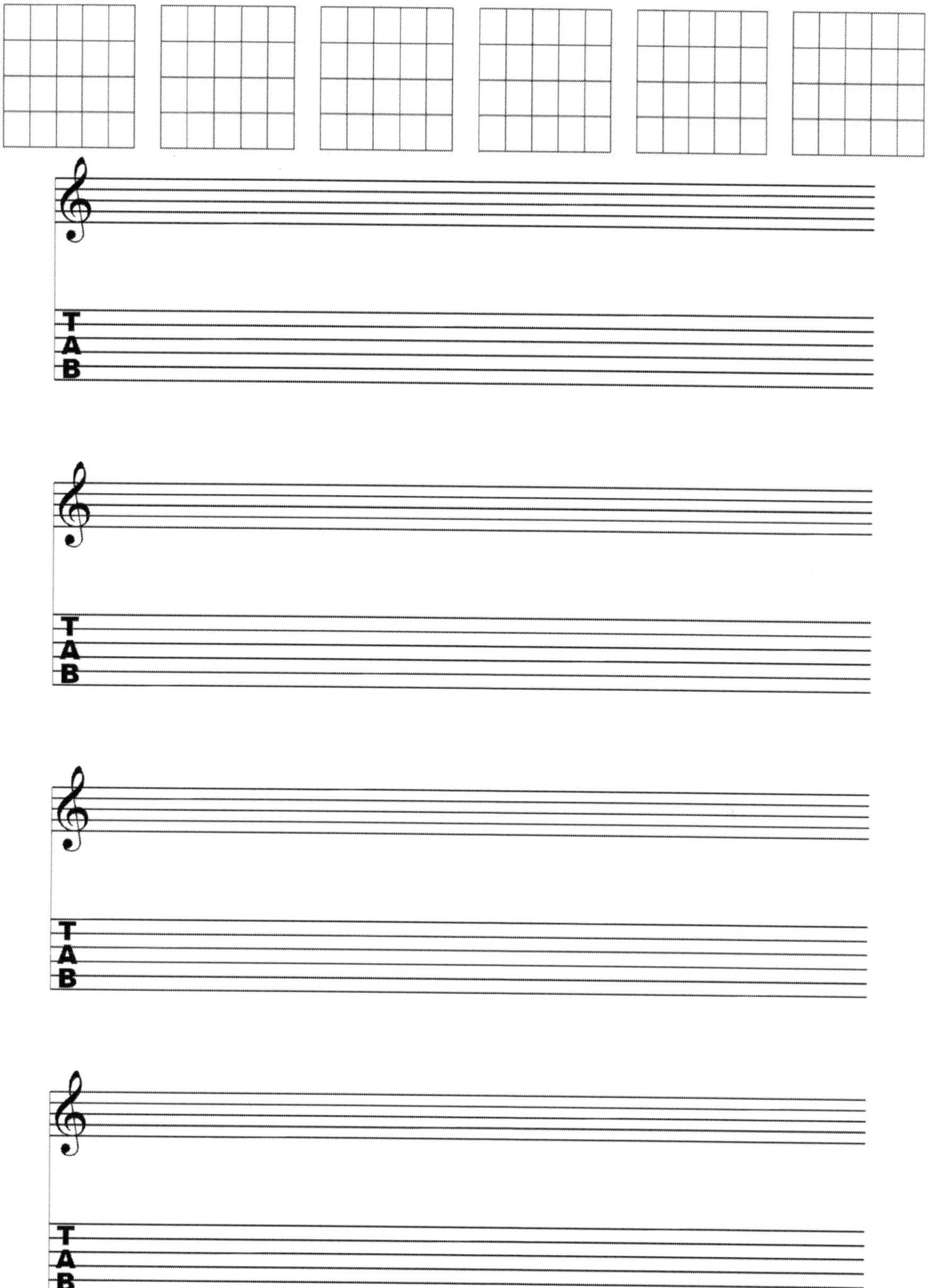
TAB
TAB
TAB
TAB

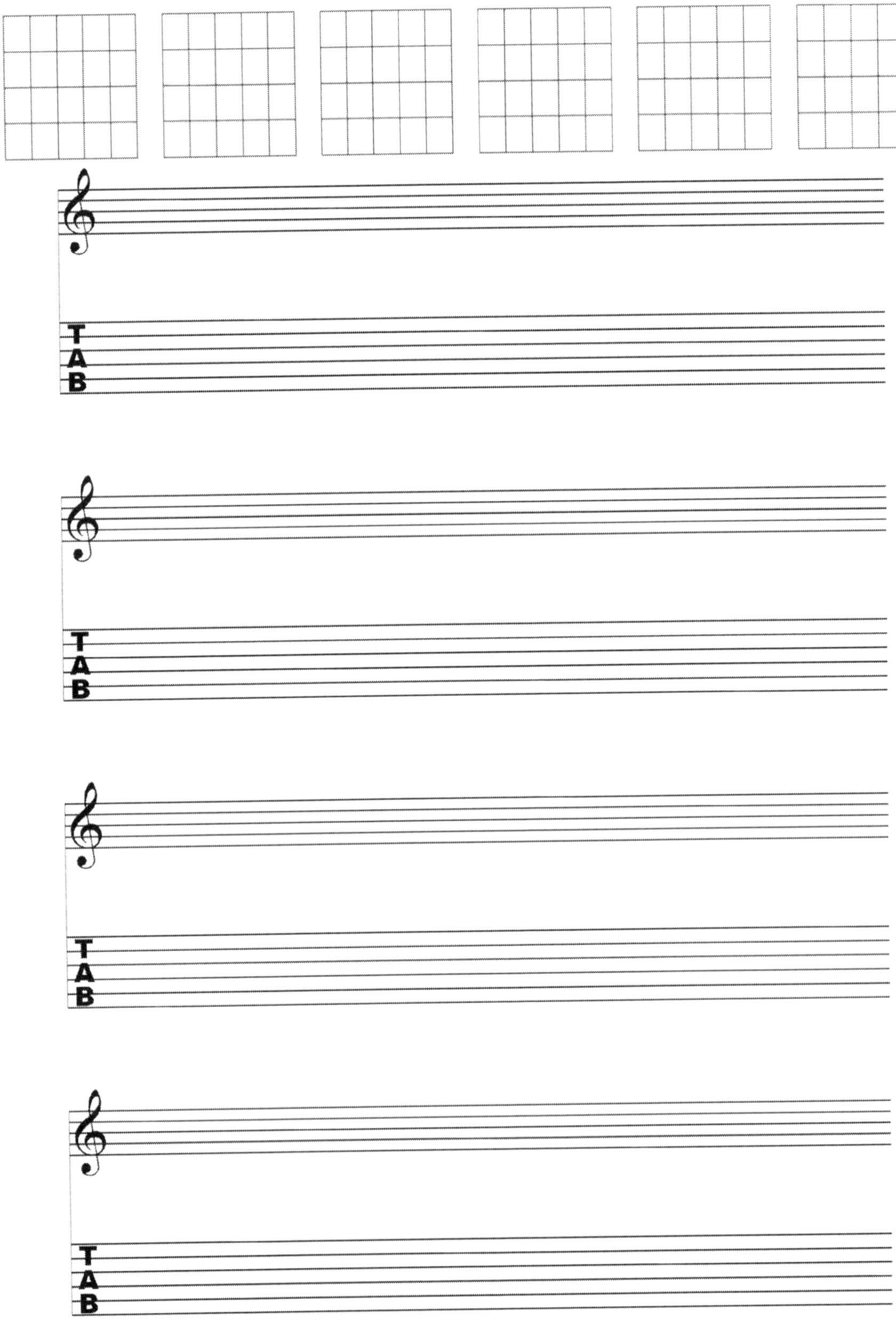

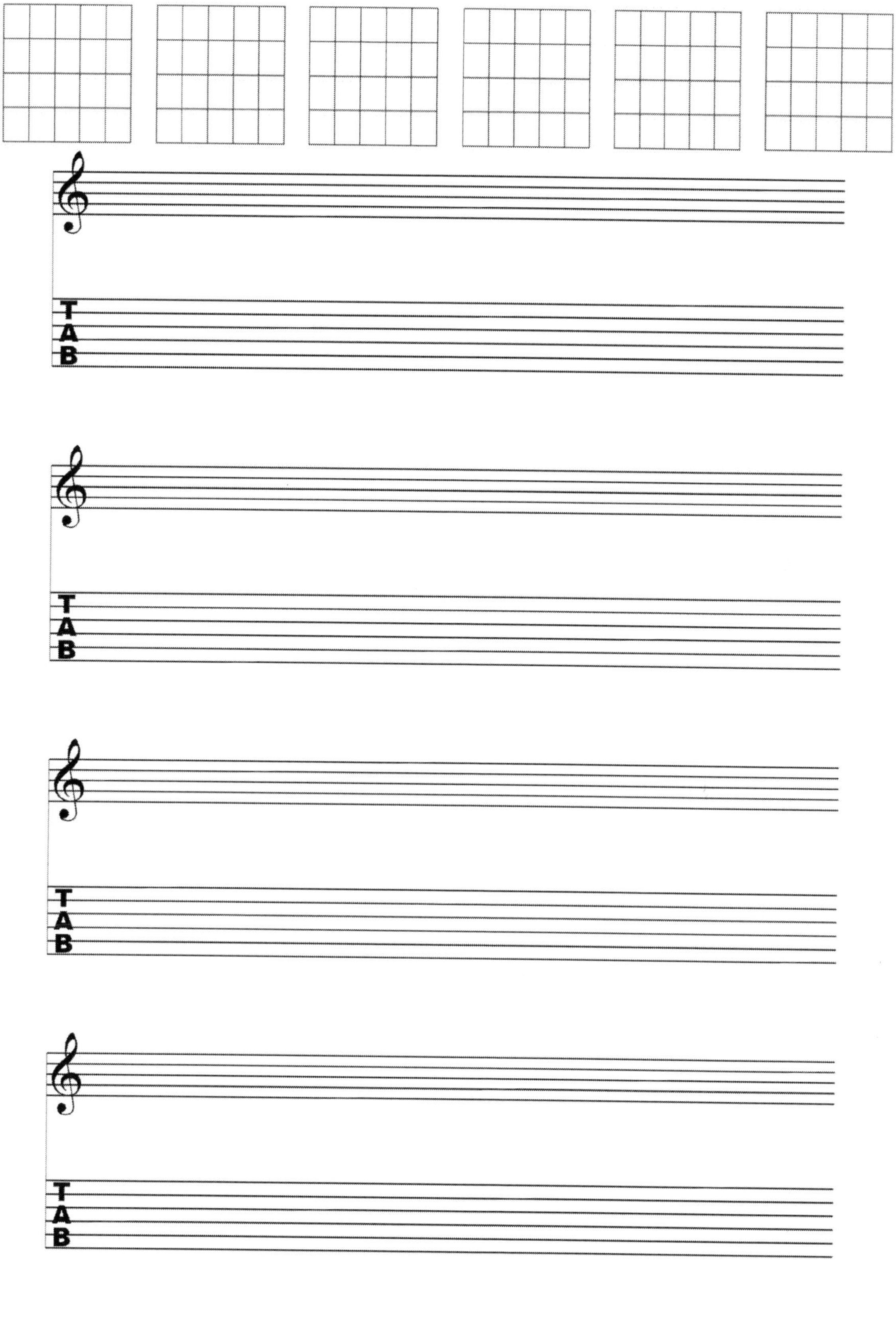
TAB
TAB
TAB
TAB

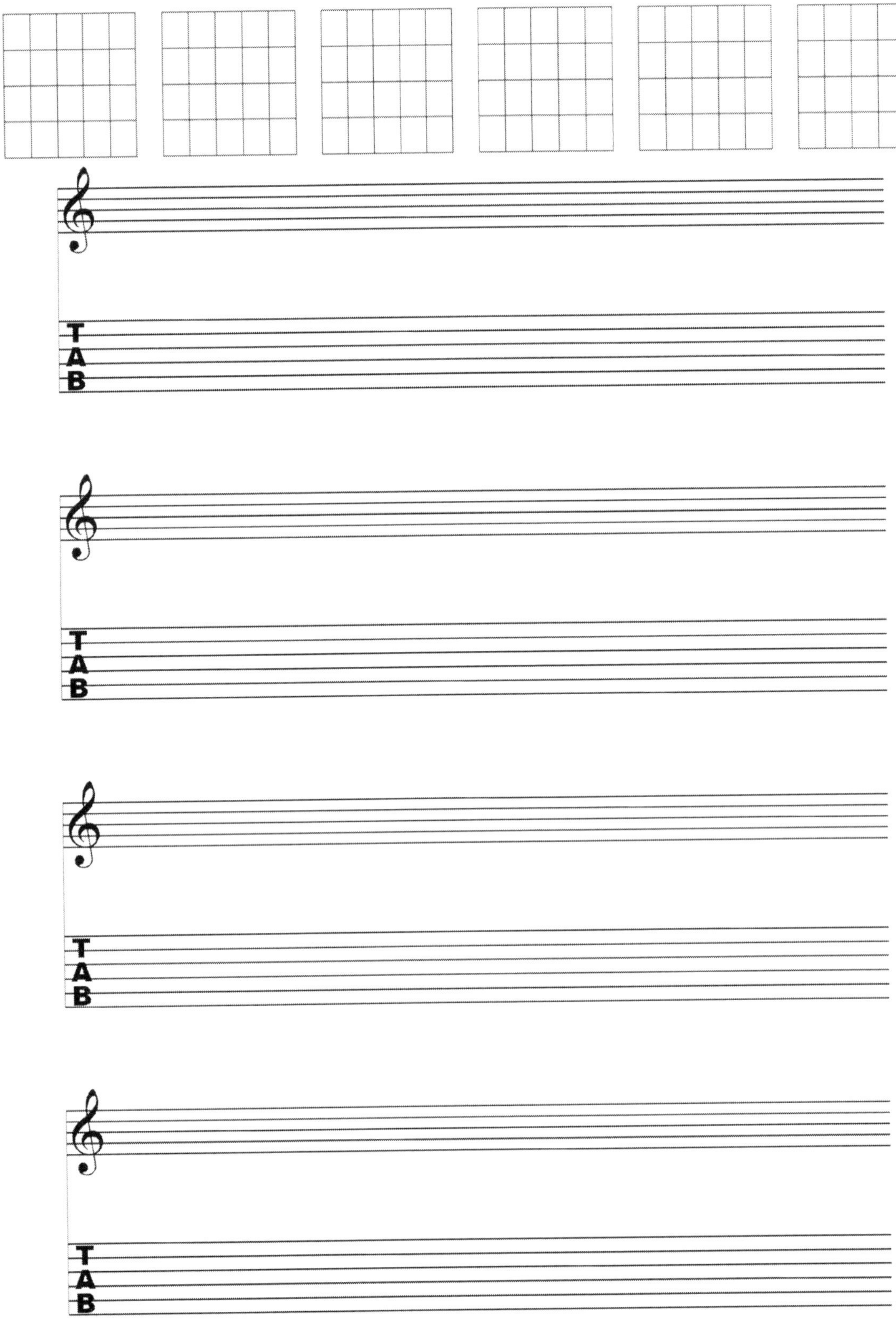
TAB
TAB
TAB
TAB

TAB
TAB
TAB
TAB

TAB

TAB

TAB

TAB

TAB
TAB
TAB
TAB

TAB

TAB

TAB

TAB

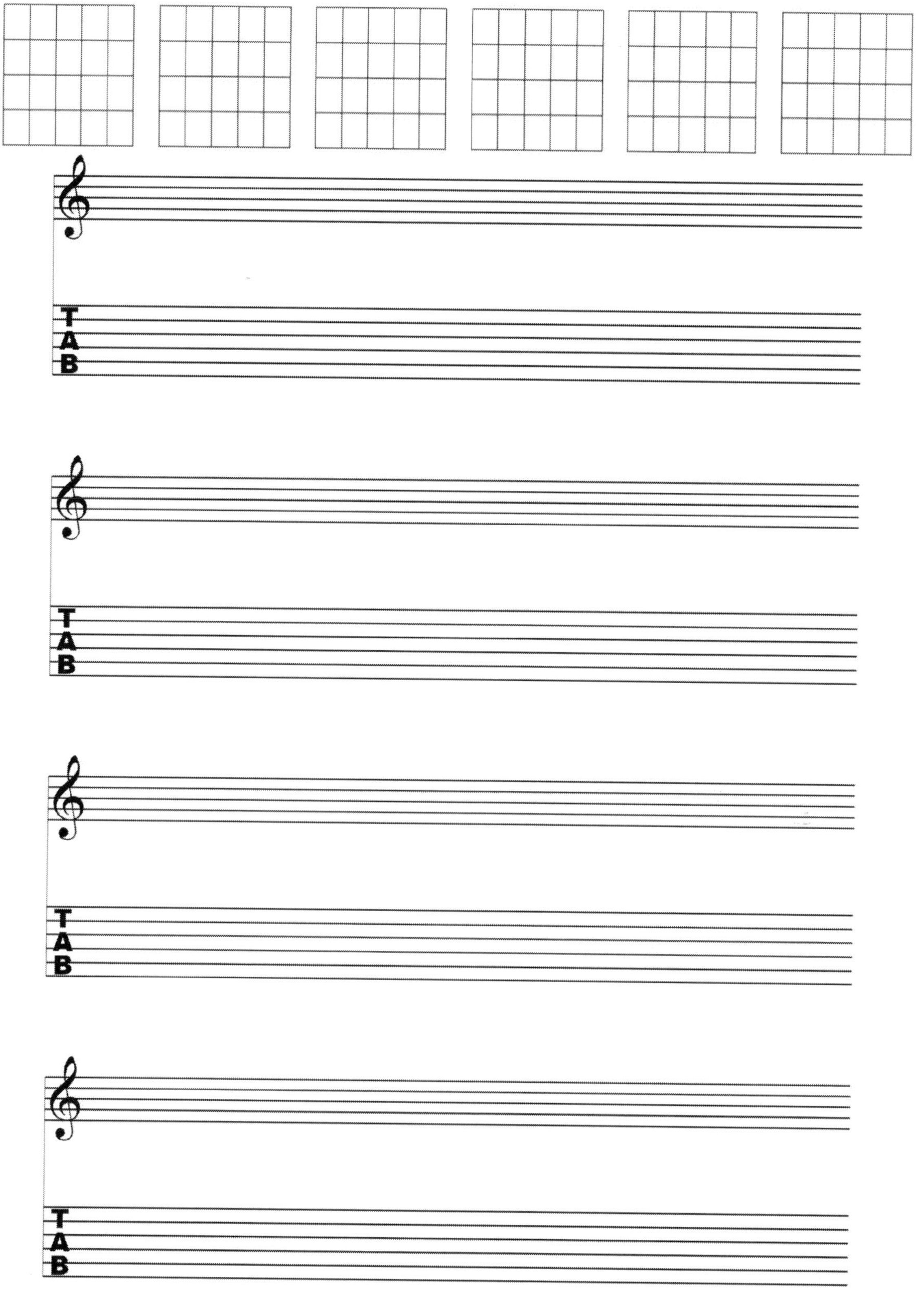
TAB
TAB
TAB
TAB

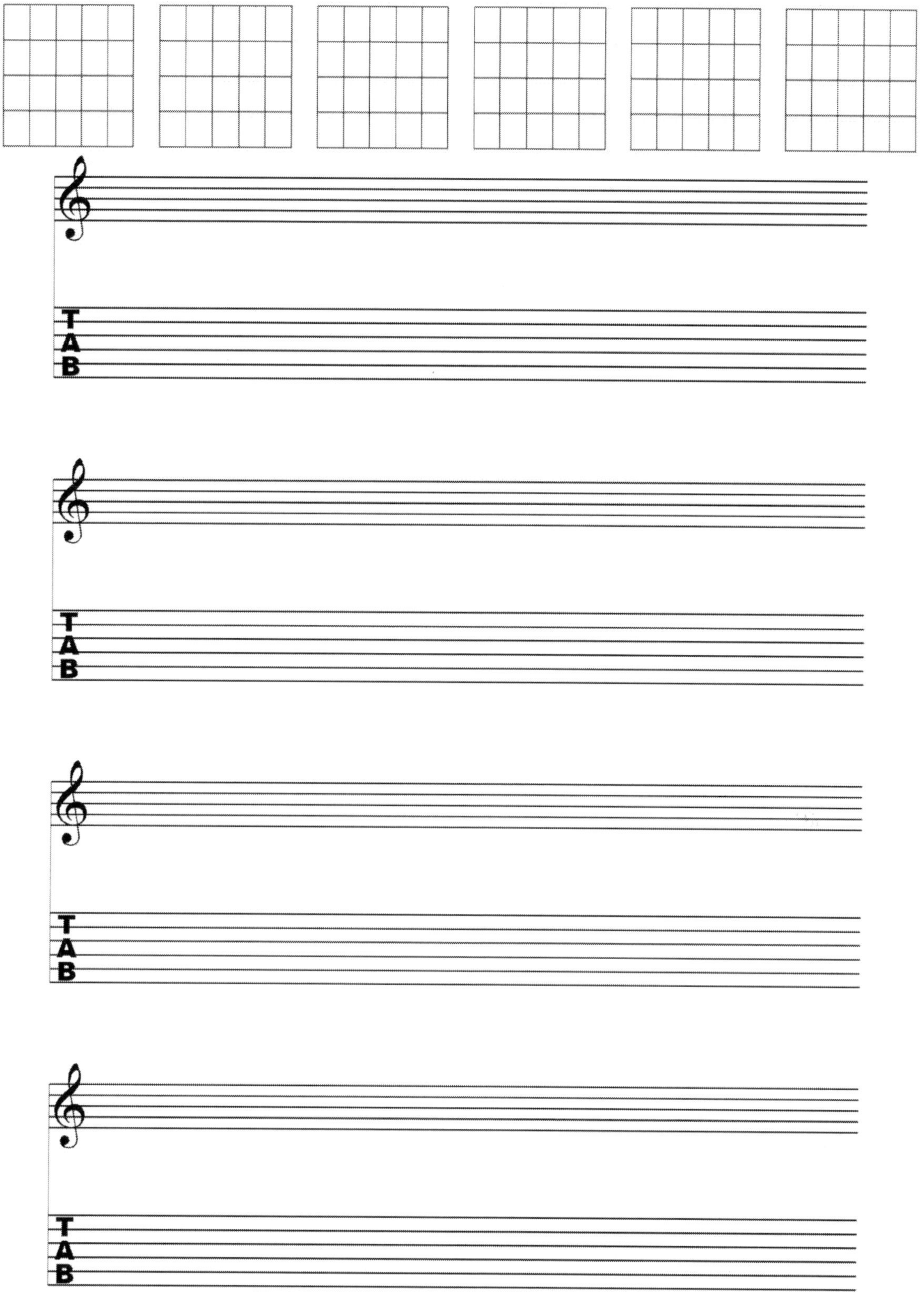
TAB
TAB
TAB
TAB

TAB

TAB

TAB

TAB

TAB

TAB

TAB

TAB

TAB
TAB
TAB
TAB

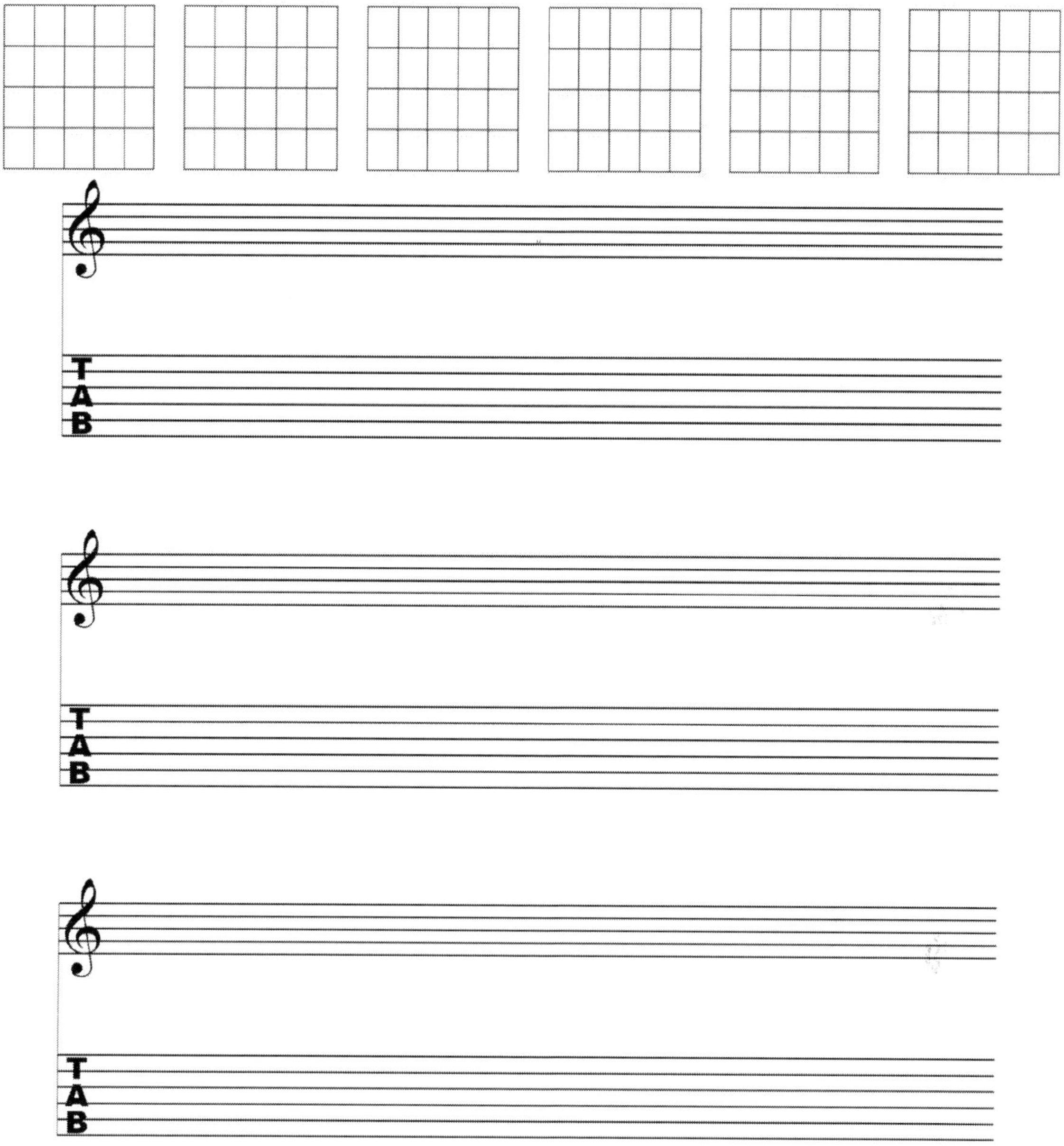
TAB
TAB
TAB
TAB

TAB
TAB
TAB
TAB

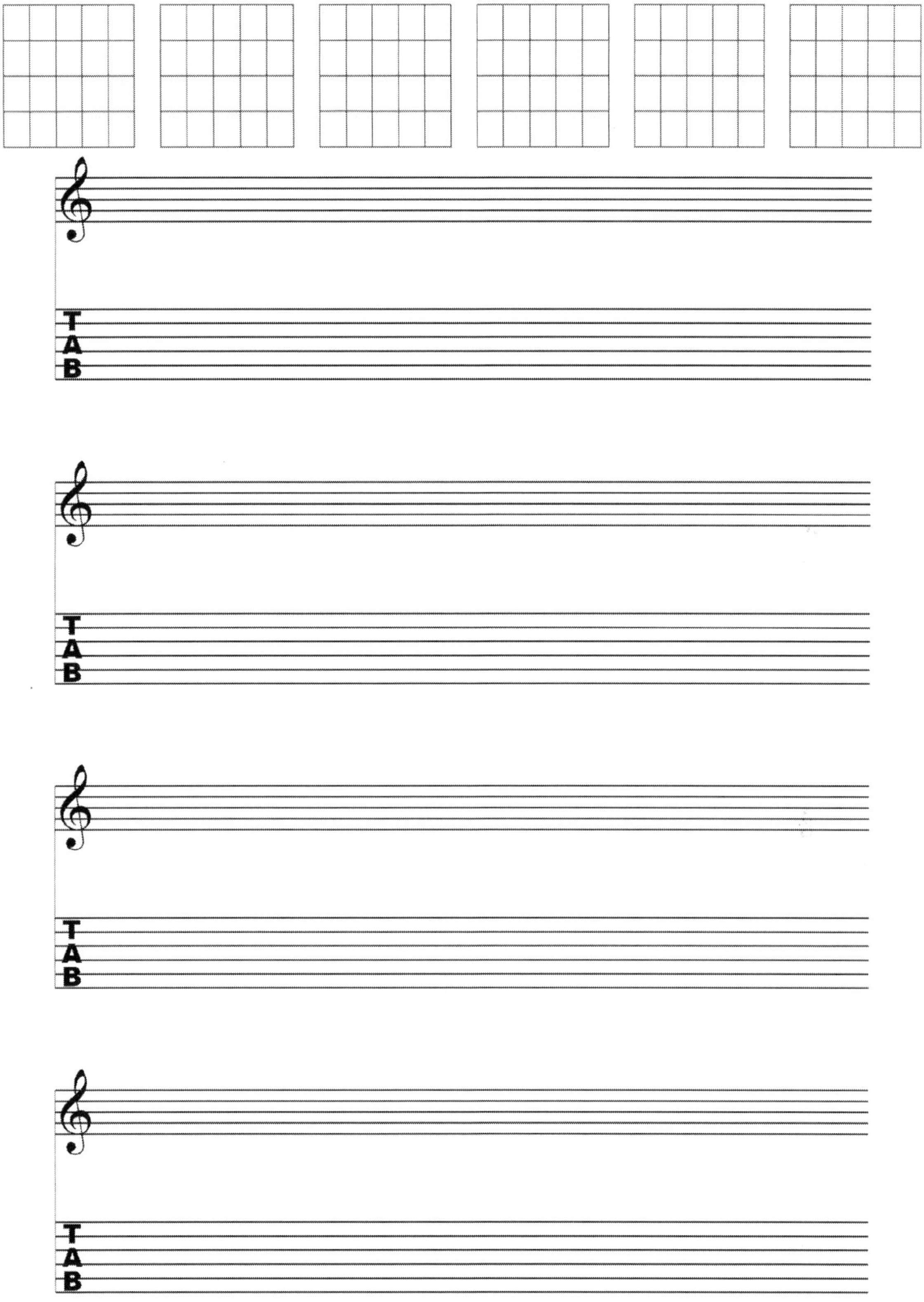
TAB
TAB
TAB
TAB

TAB

TAB

TAB

TAB

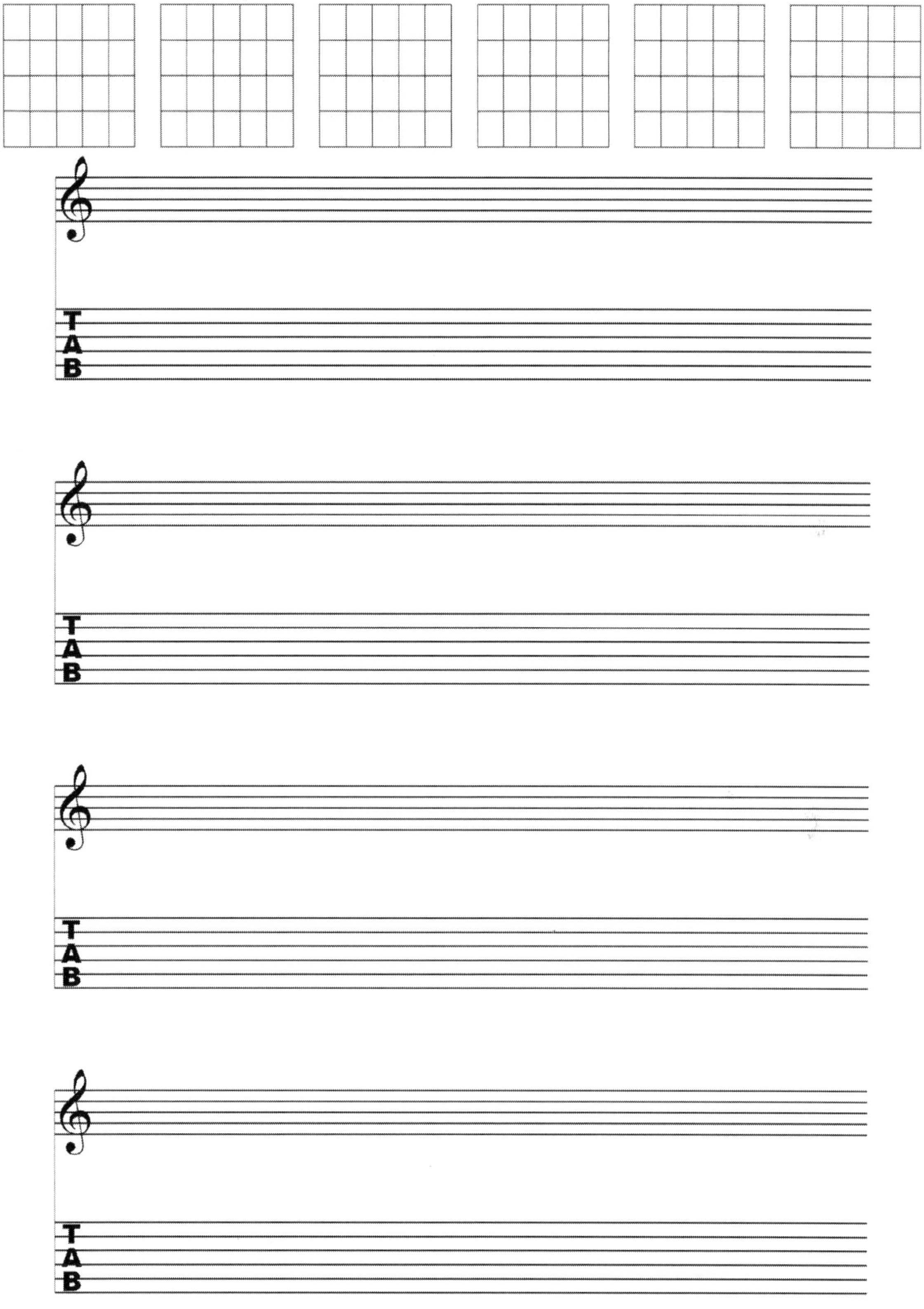
TAB
TAB
TAB
TAB

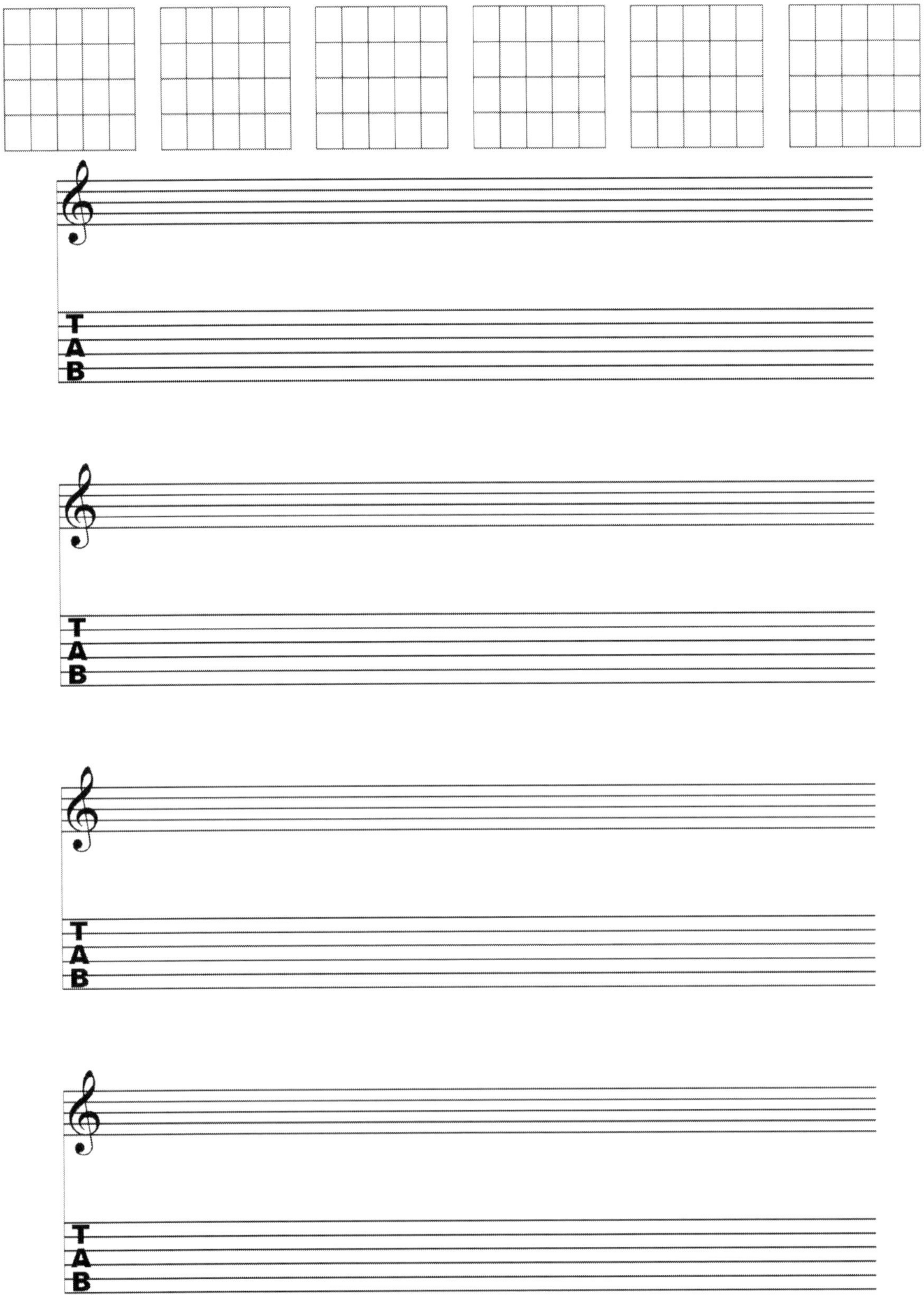
T
A
B
T
A
B
T
A
B
T
A
B

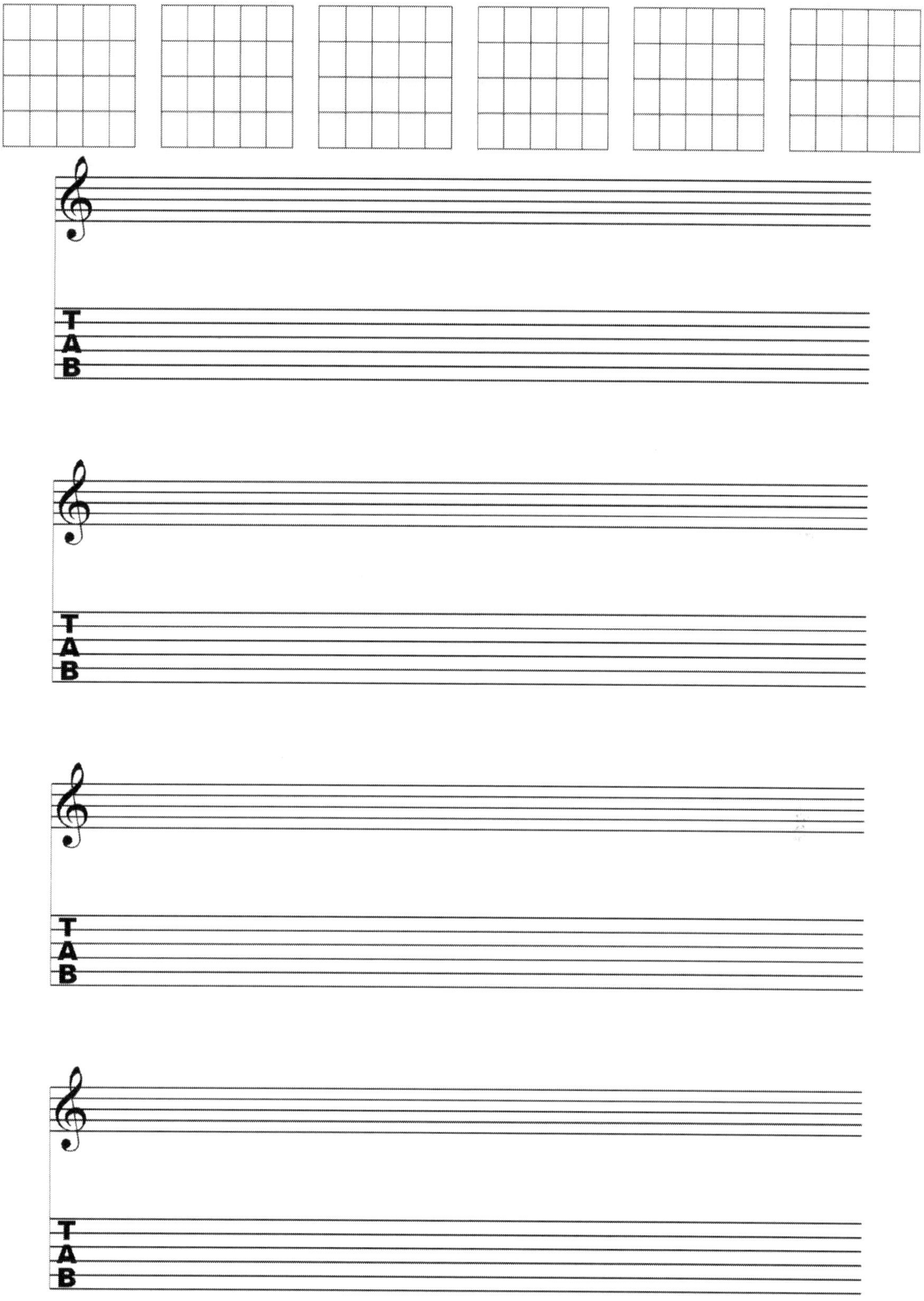
TAB
TAB
TAB
TAB

T
A
B

T
A
B

T
A
B

T
A
B

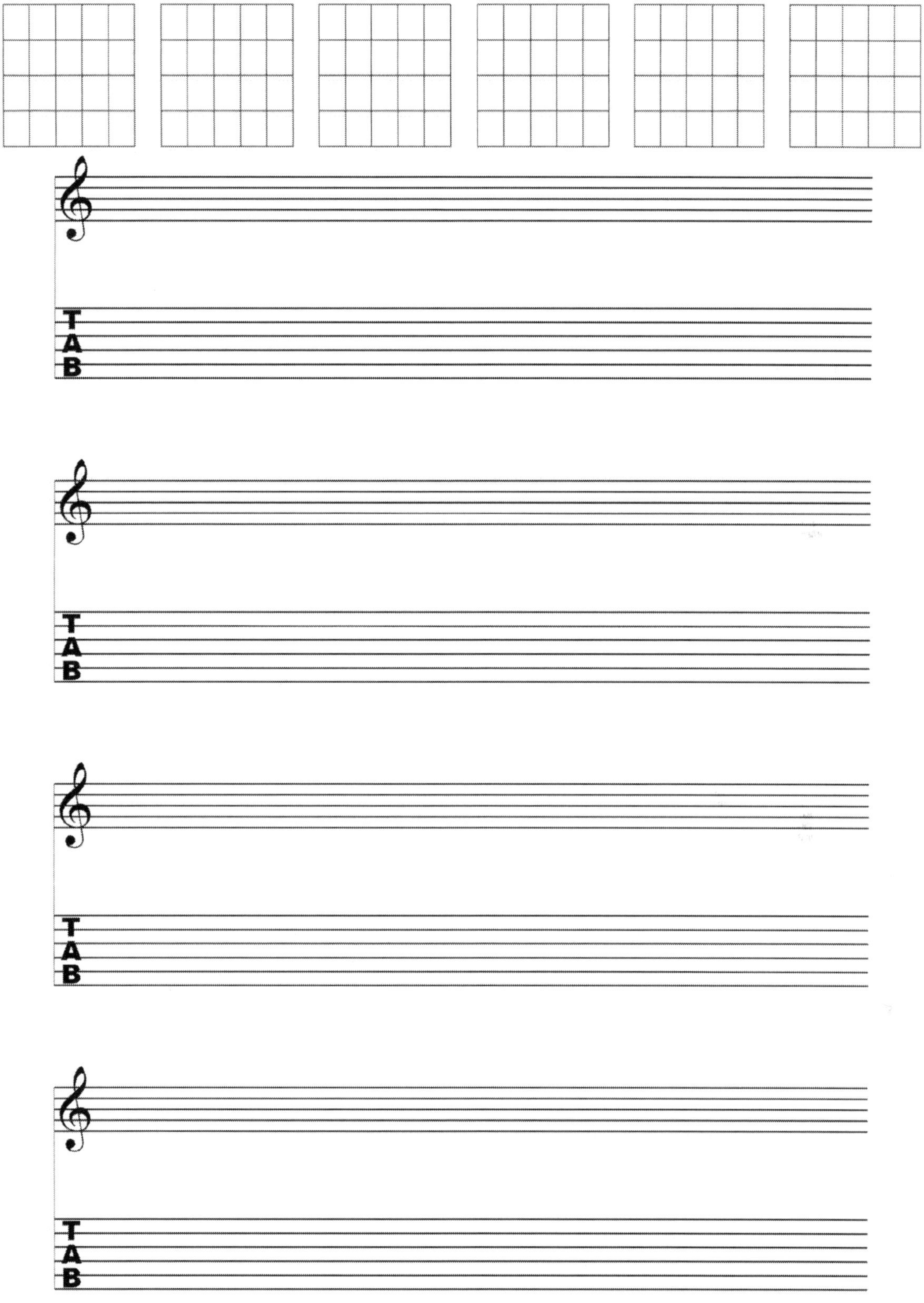
TAB
TAB
TAB
TAB

TAB

TAB

TAB

TAB

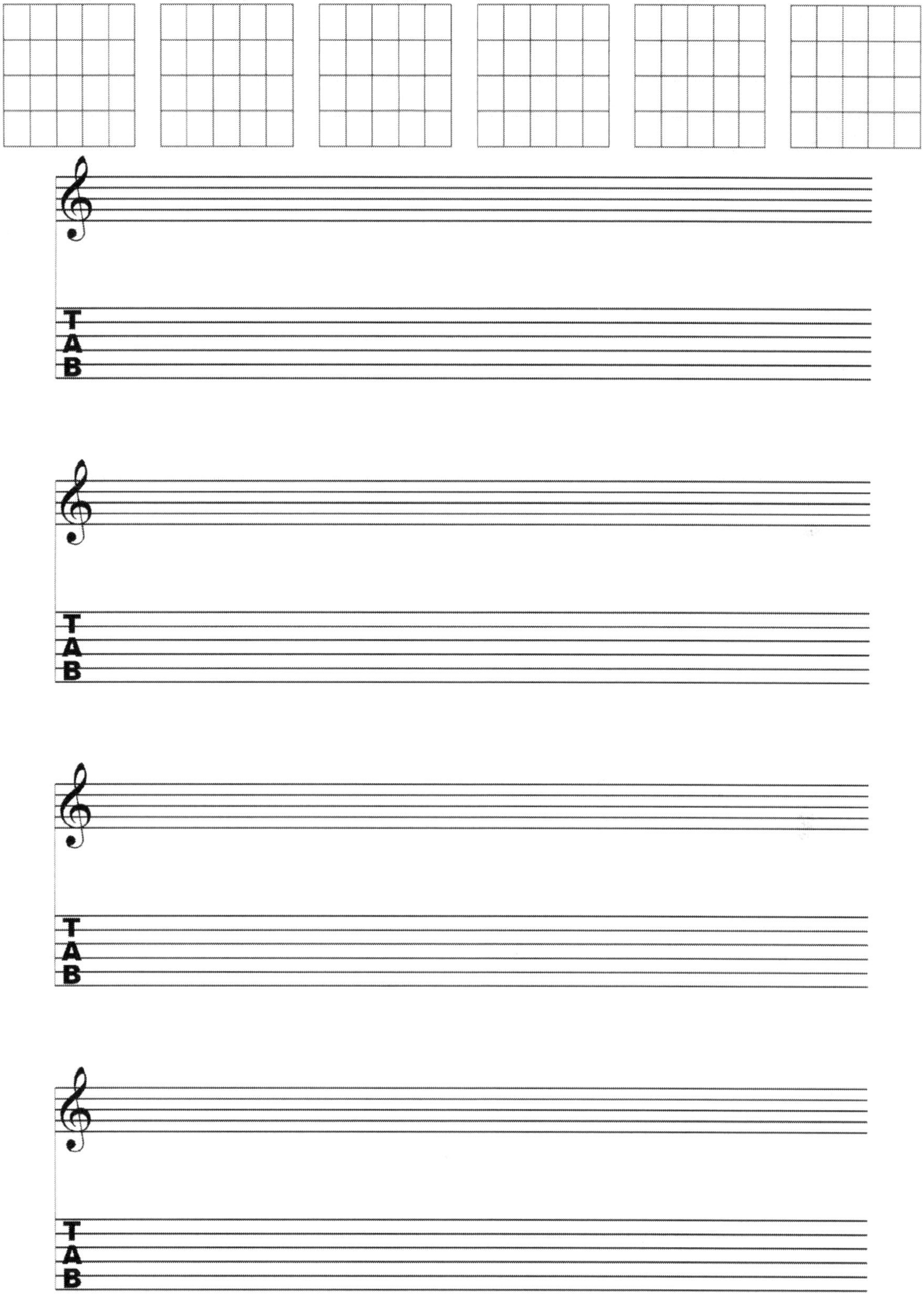
TAB
TAB
TAB
TAB

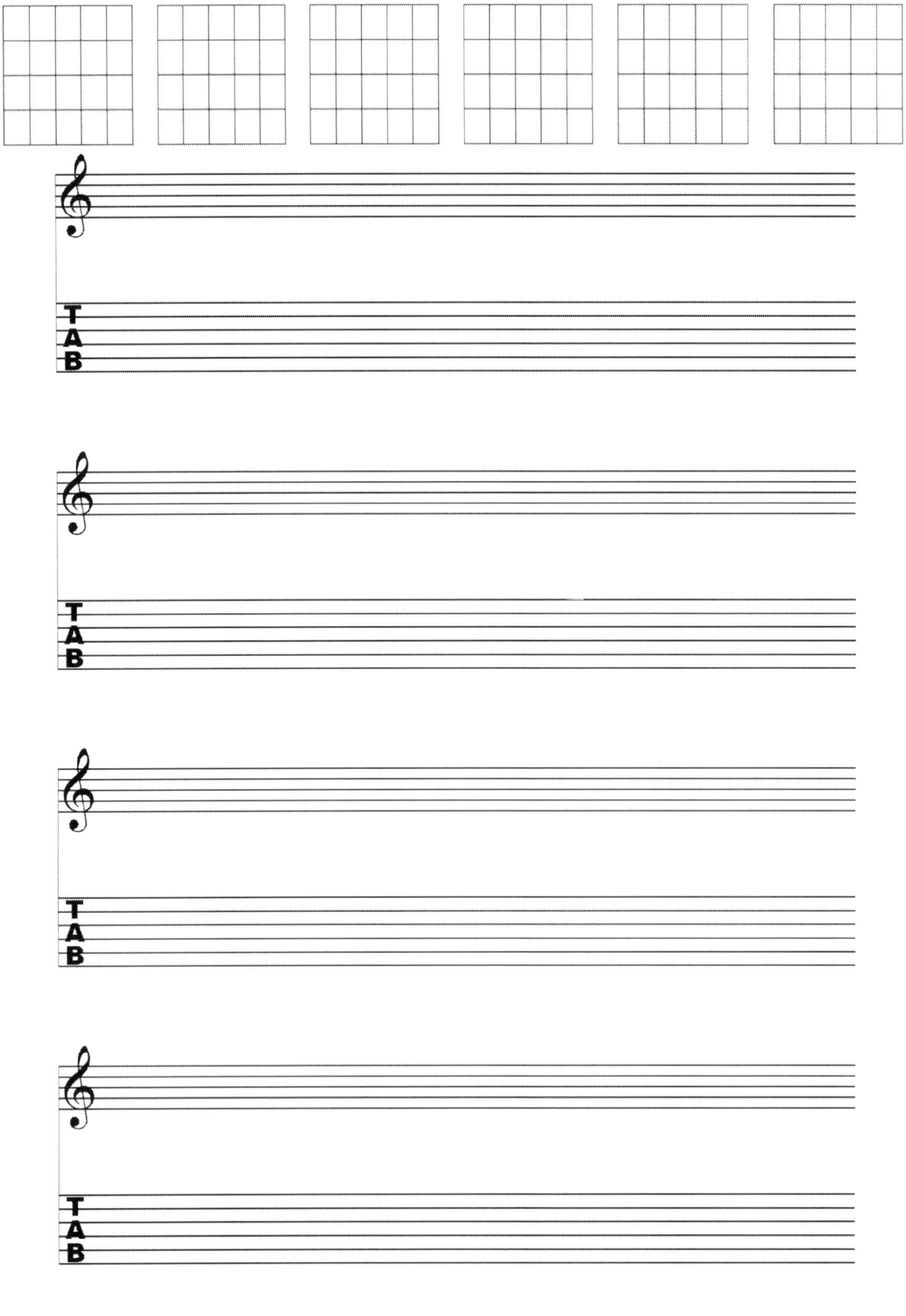
TAB
TAB
TAB
TAB

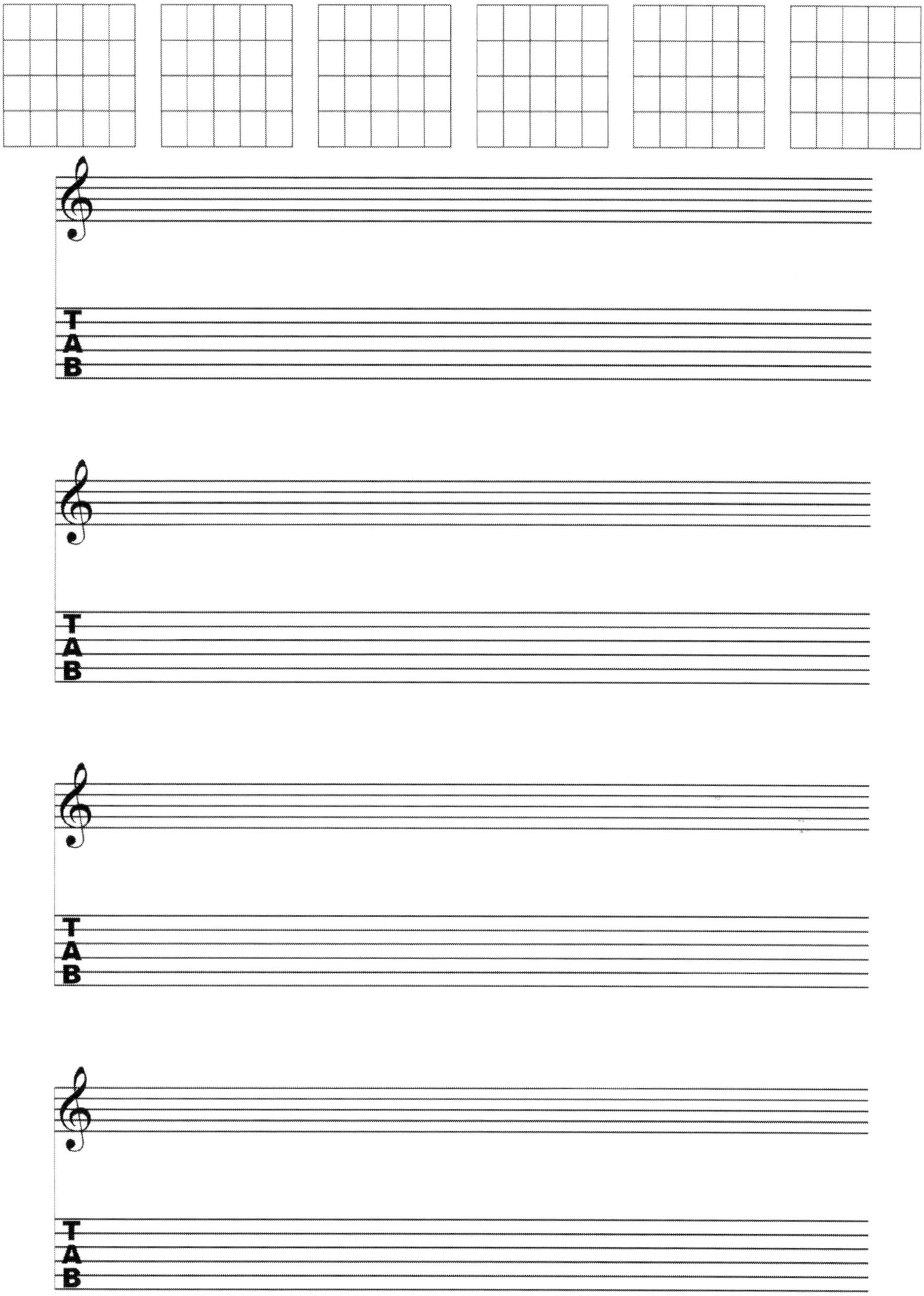
TAB
TAB
TAB
TAB

T
A
B

T
A
B

T
A
B

T
A
B

T
A
B

T
A
B

T
A
B

T
A
B

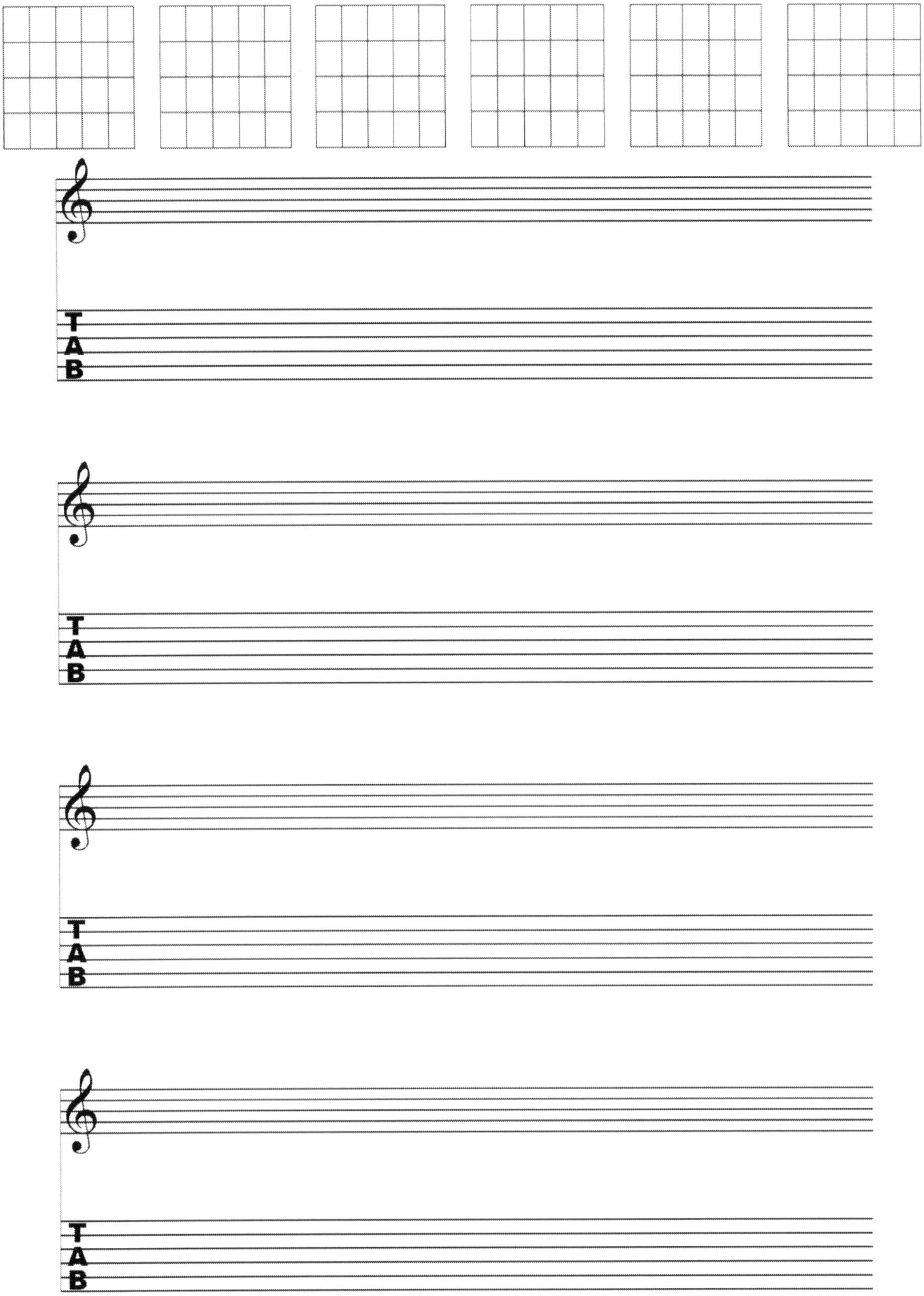
TAB
TAB
TAB
TAB

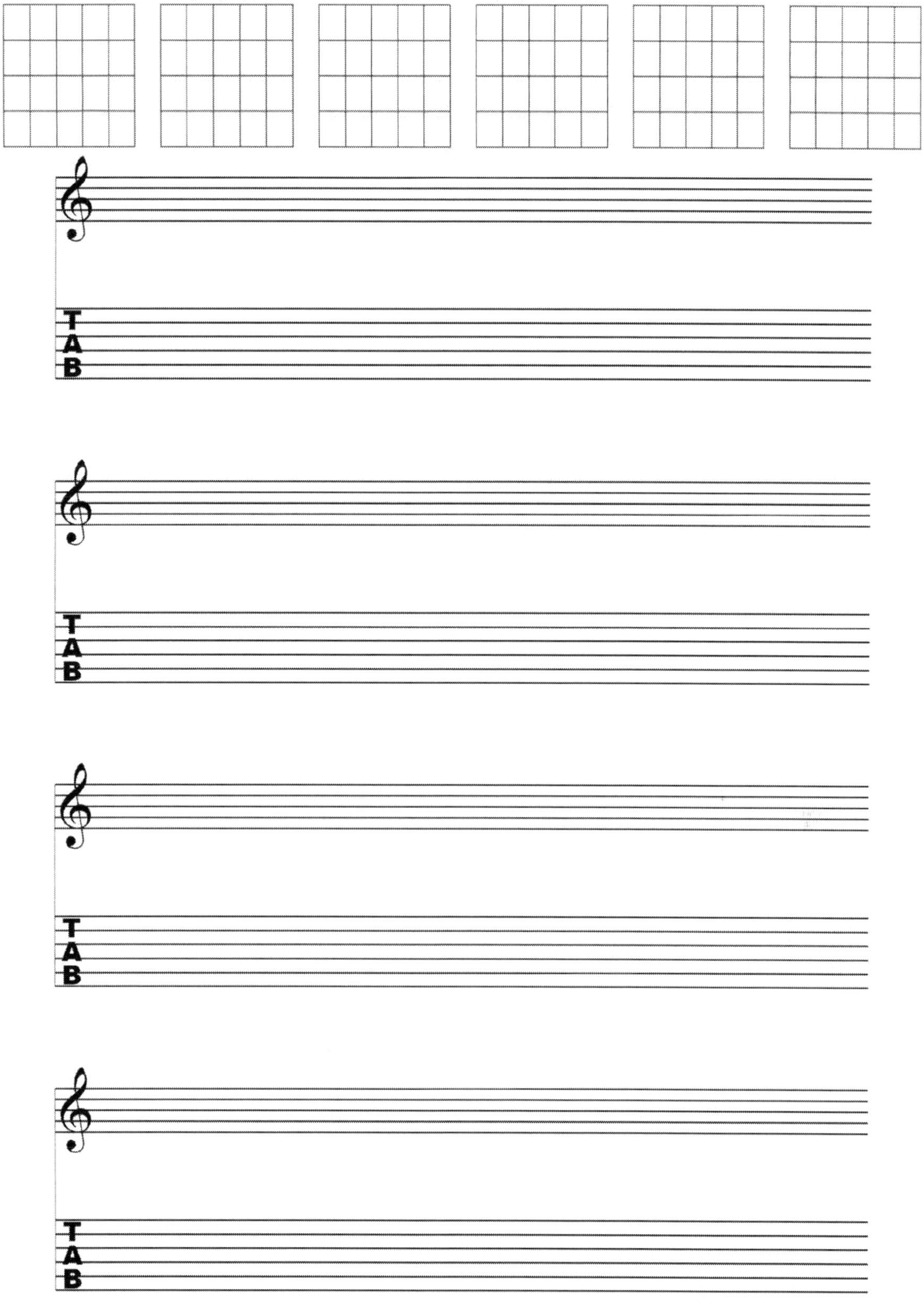
TAB
TAB
TAB
TAB

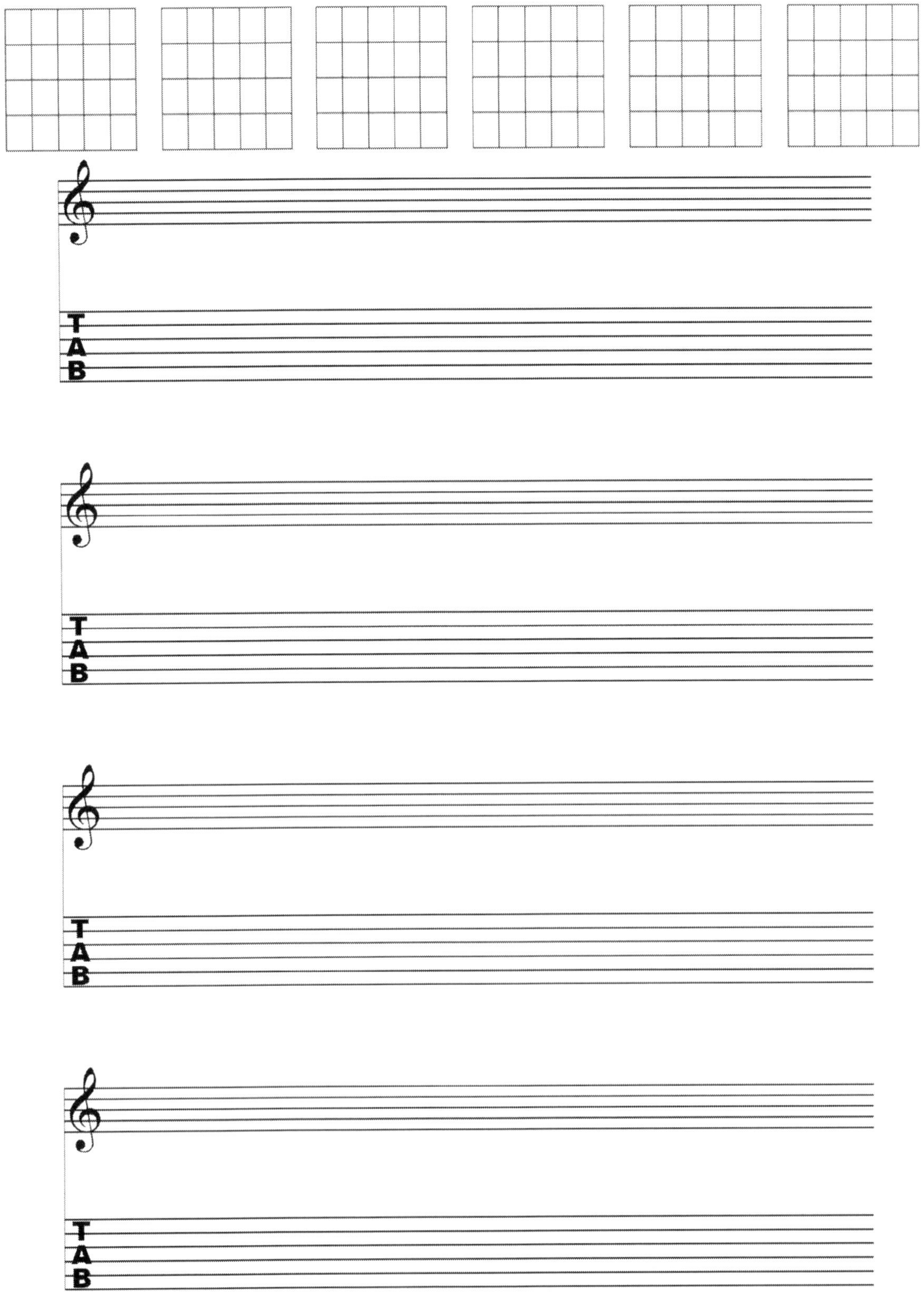
TAB
TAB
TAB
TAB

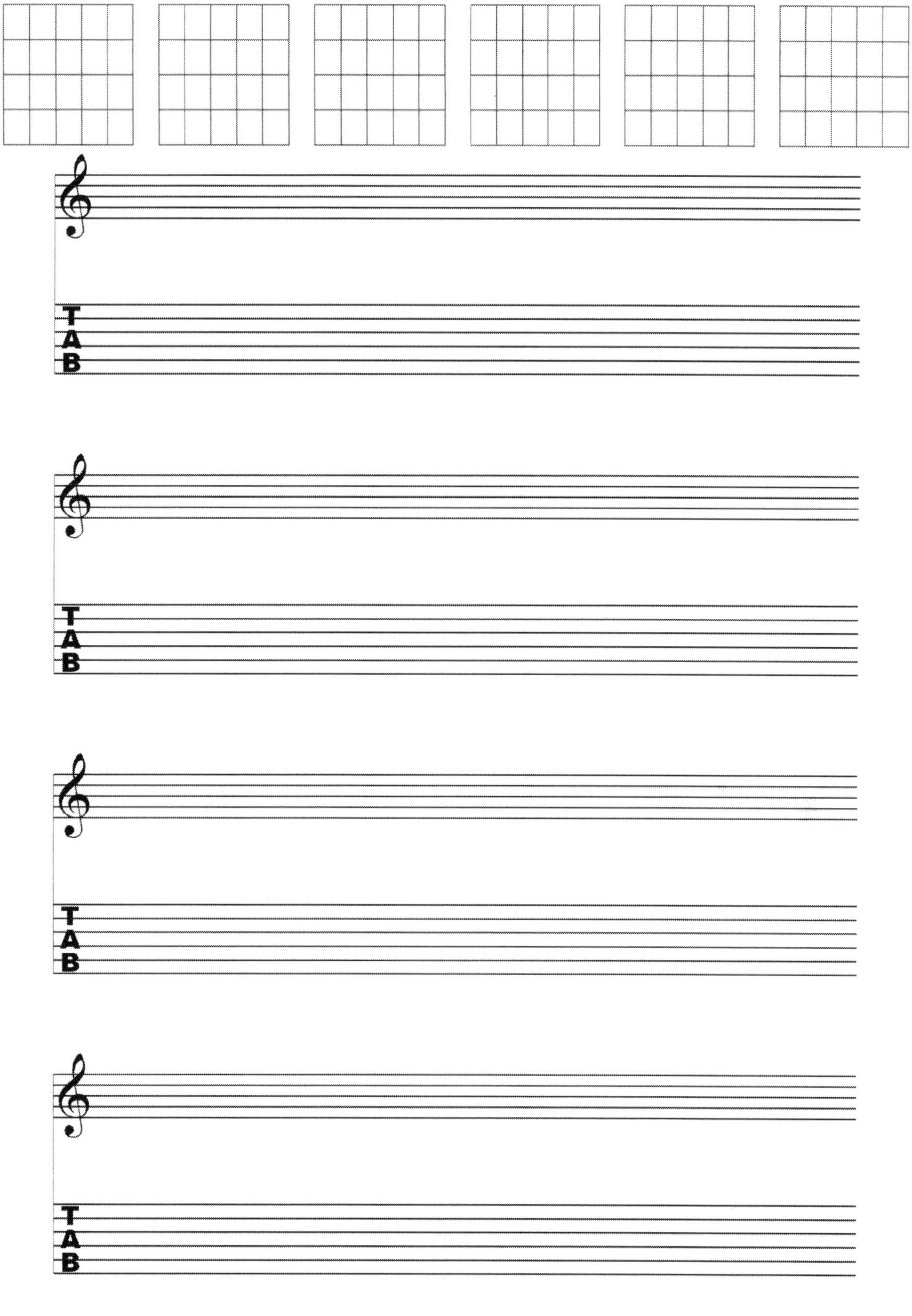
TAB
TAB
TAB
TAB

T
A
B

T
A
B

T
A
B

T
A
B

TAB

TAB

TAB

TAB

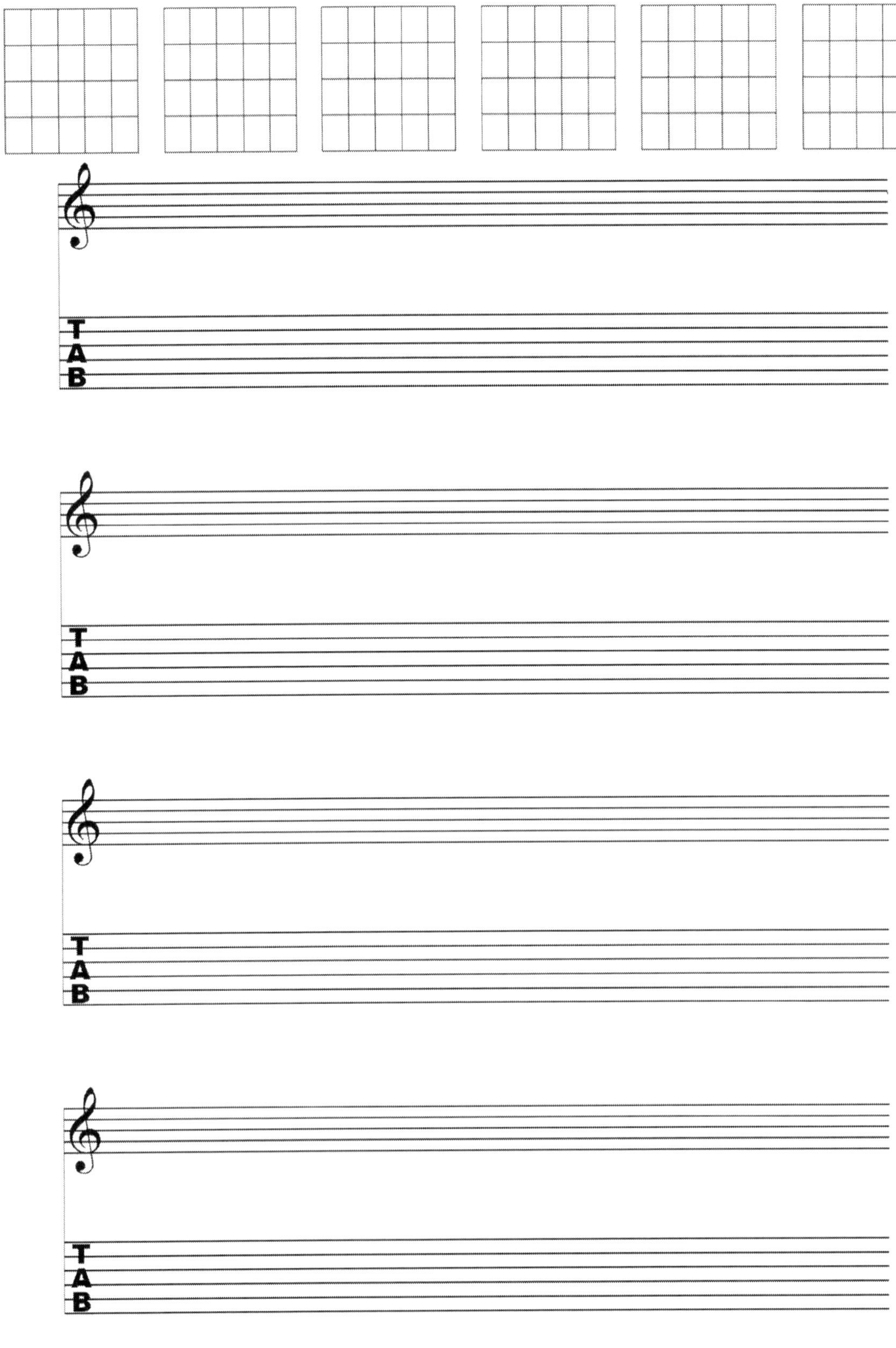
TAB
TAB
TAB
TAB

TAB

TAB

TAB

TAB

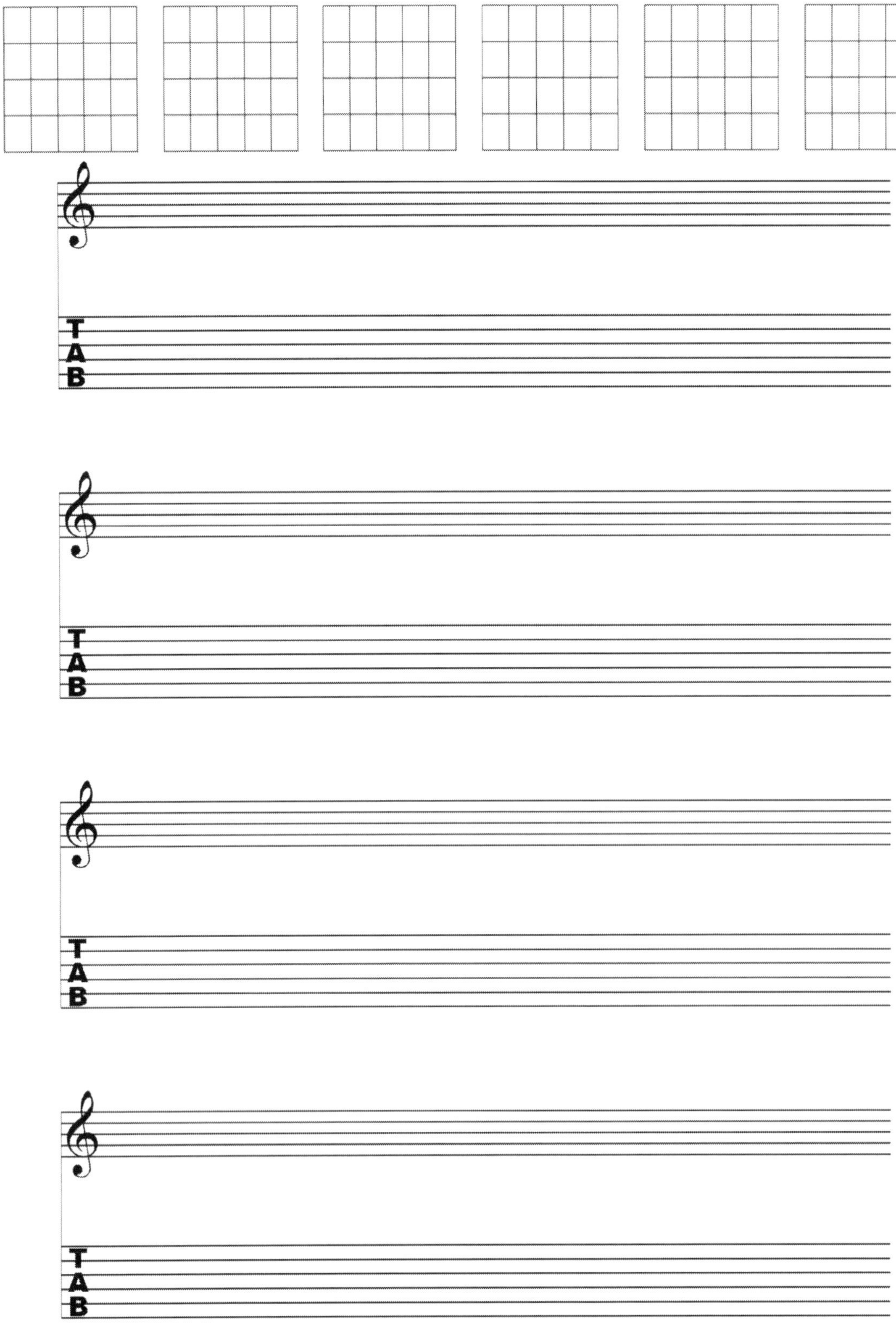
TAB
TAB
TAB
TAB

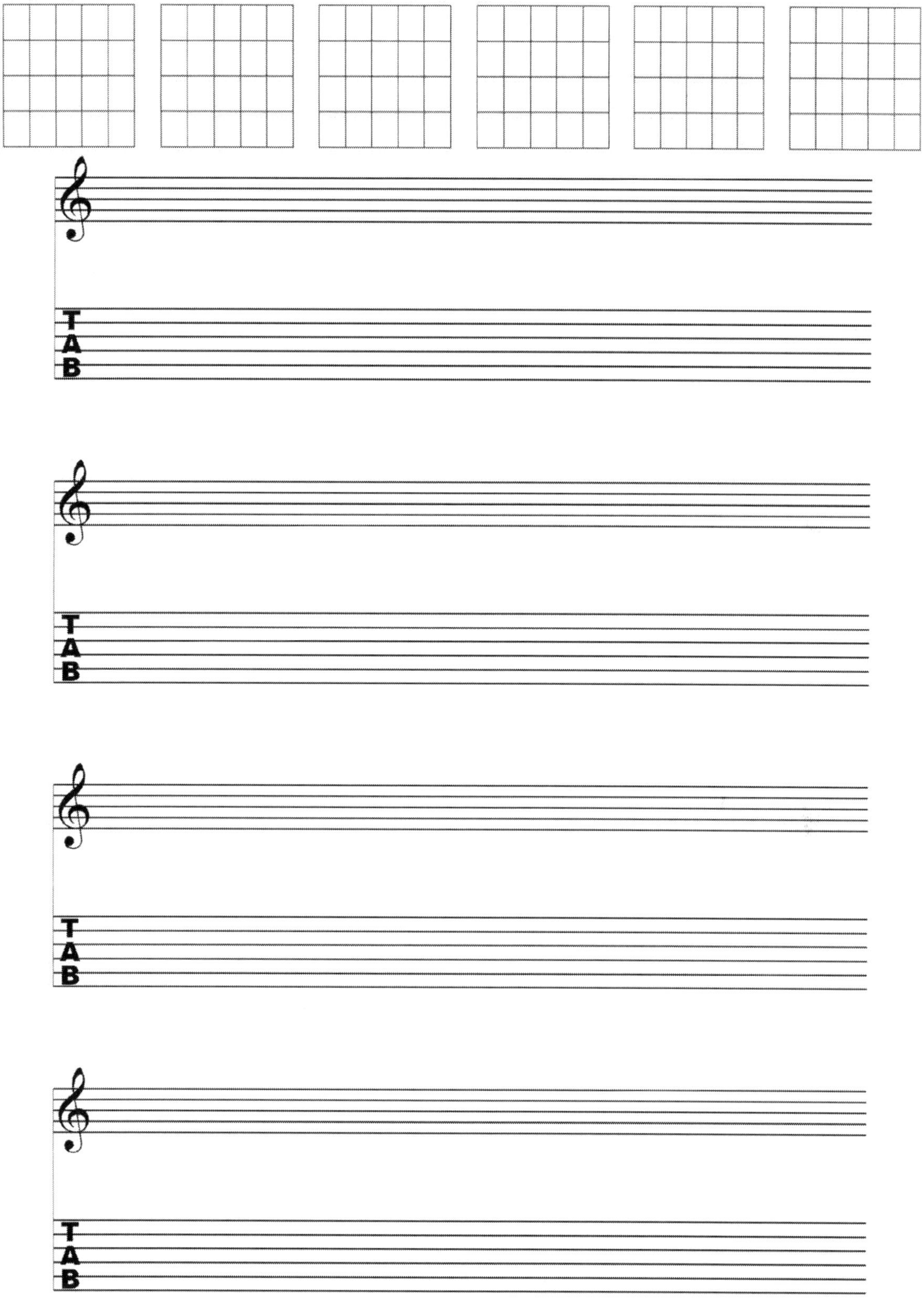
TAB
TAB
TAB
TAB

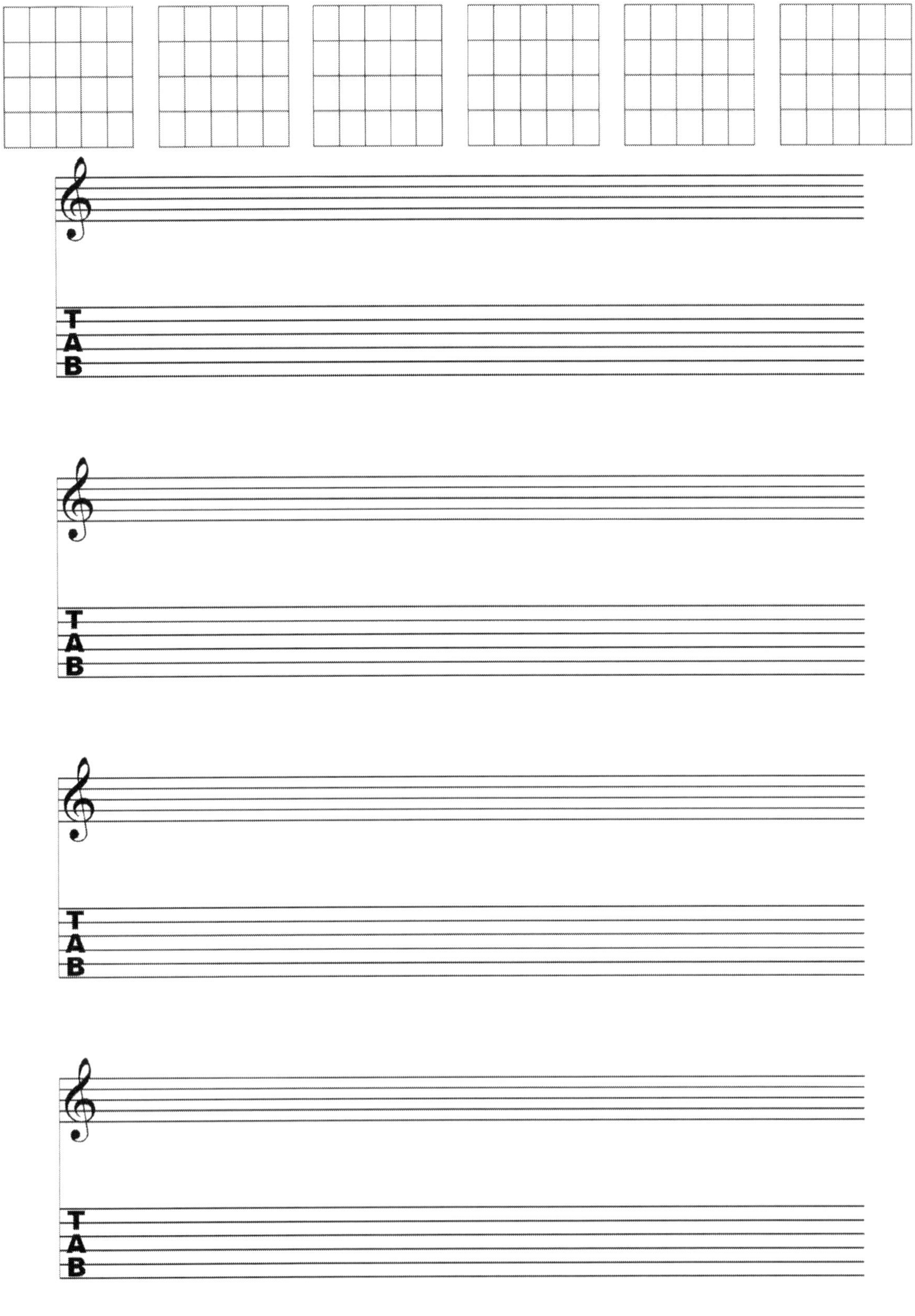
TAB
TAB
TAB
TAB

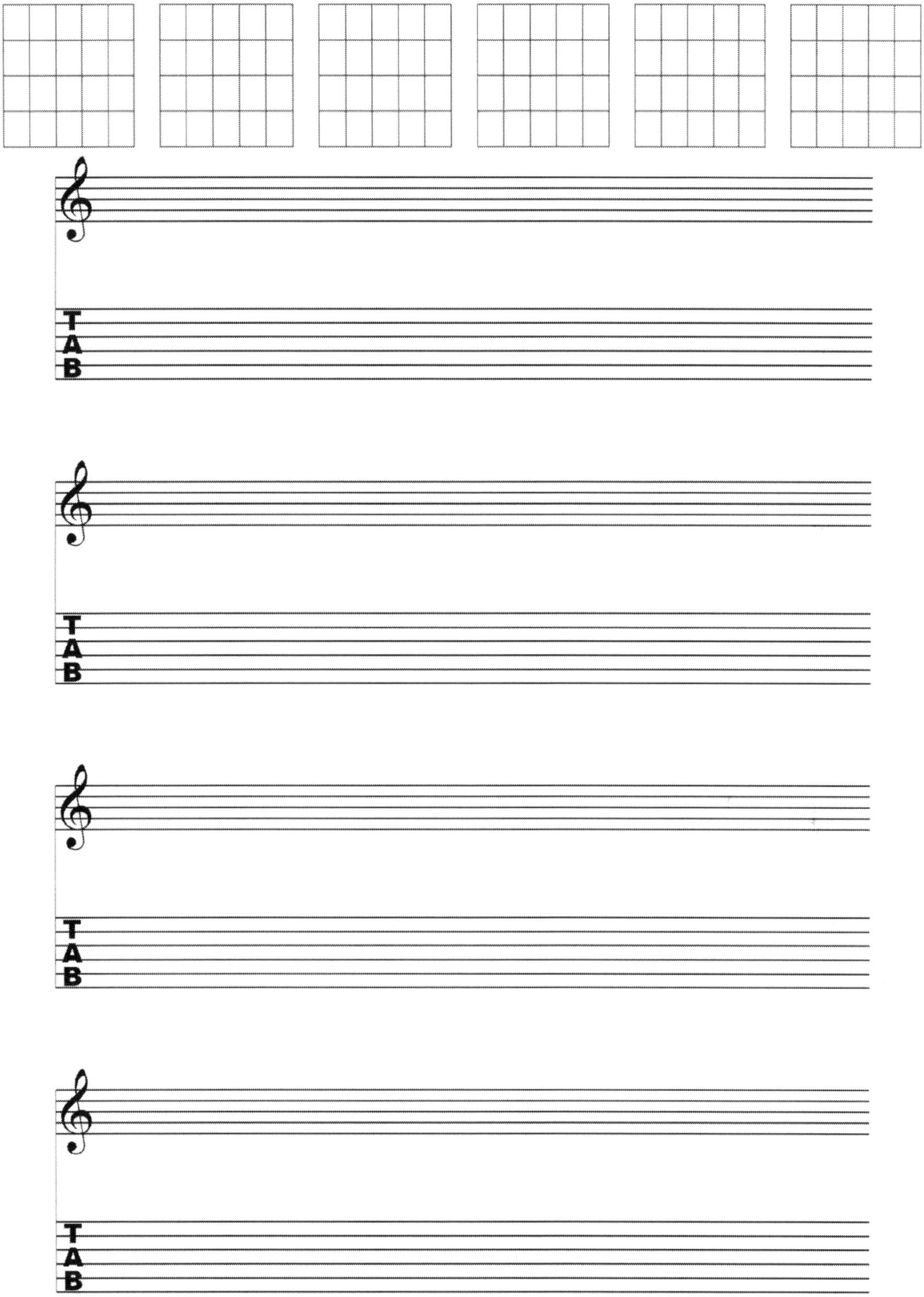
TAB
TAB
TAB
TAB

TAB

TAB

TAB

TAB

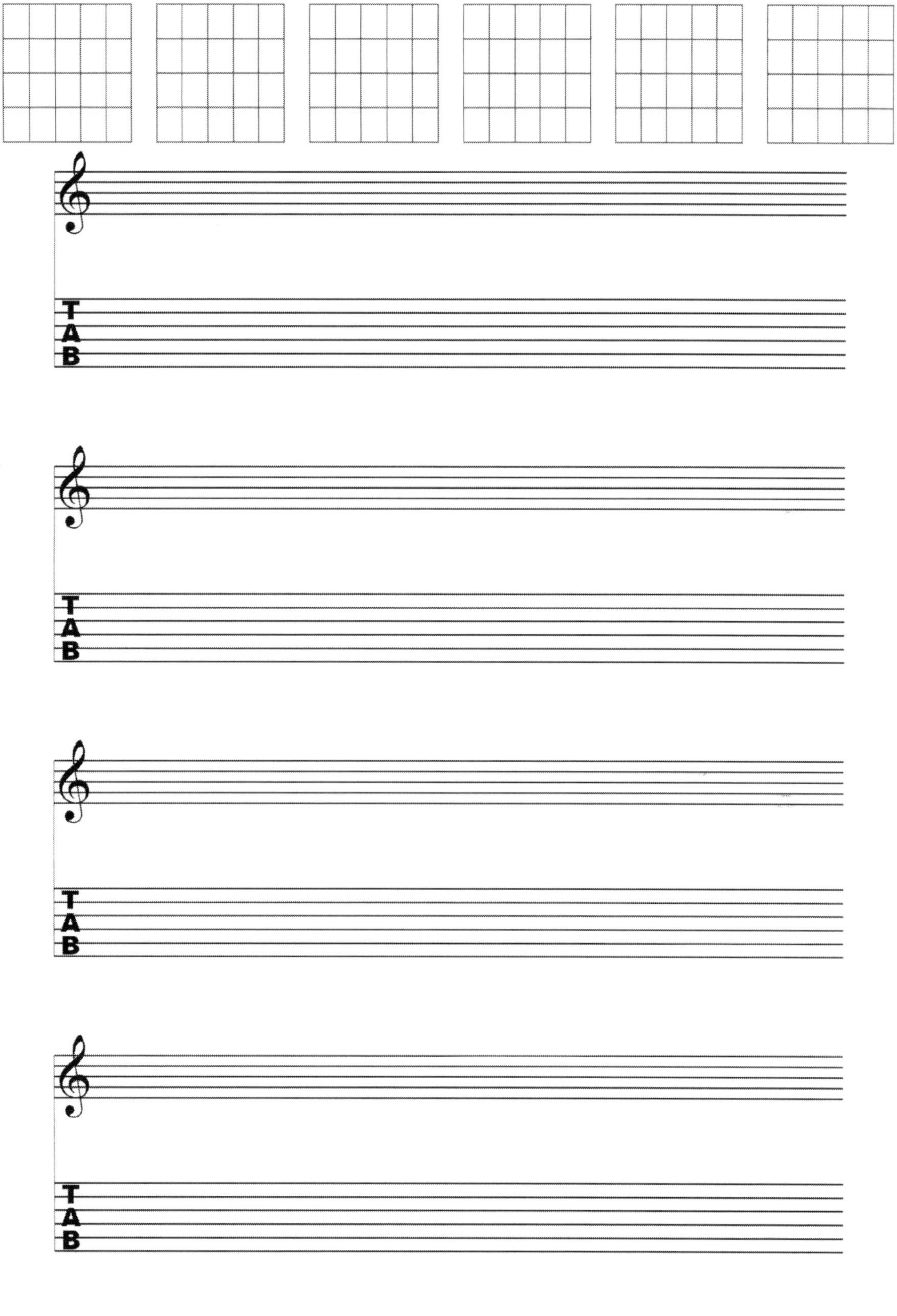
TAB
TAB
TAB
TAB

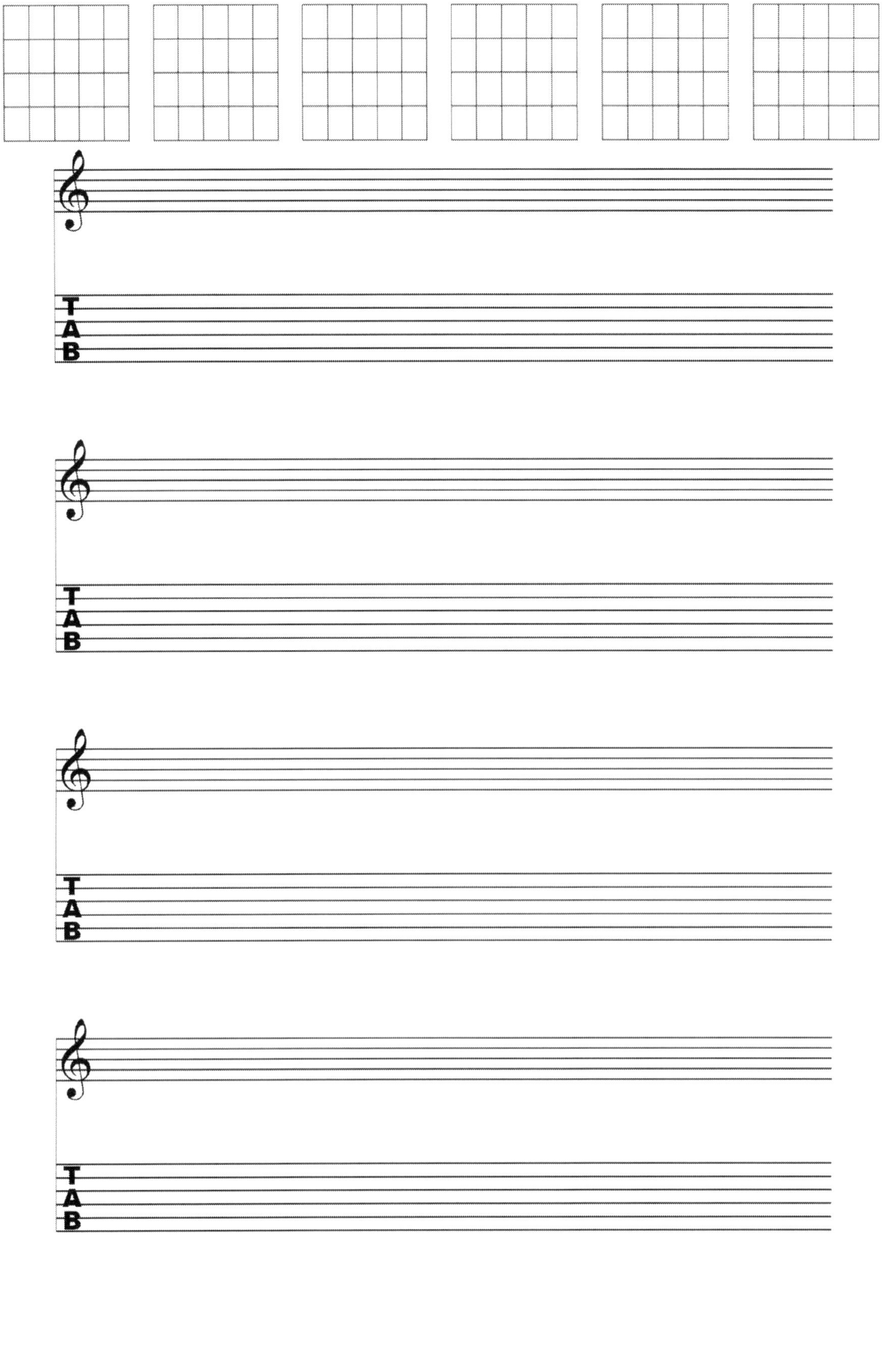
TAB
TAB
TAB
TAB

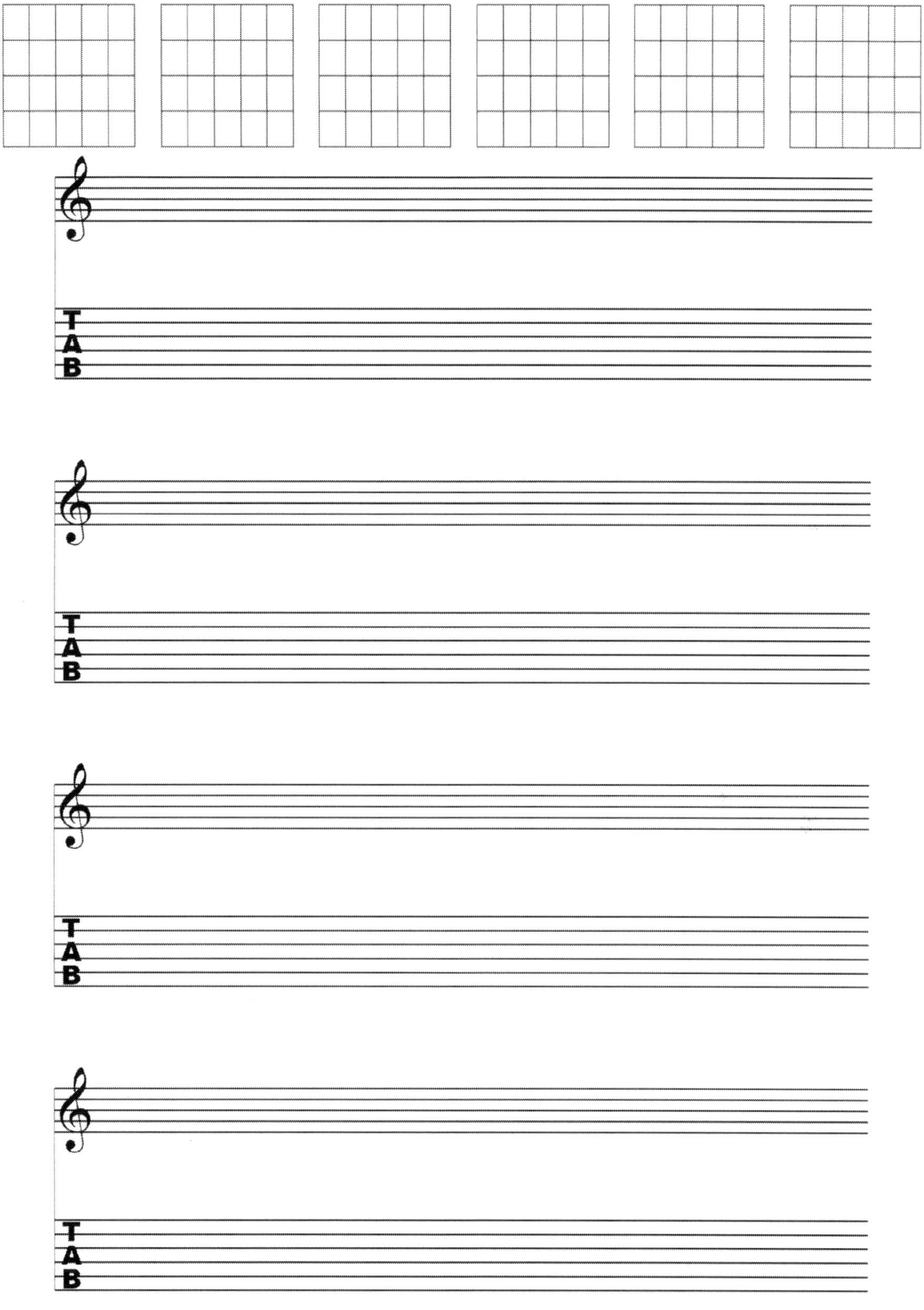
TAB
TAB
TAB
TAB

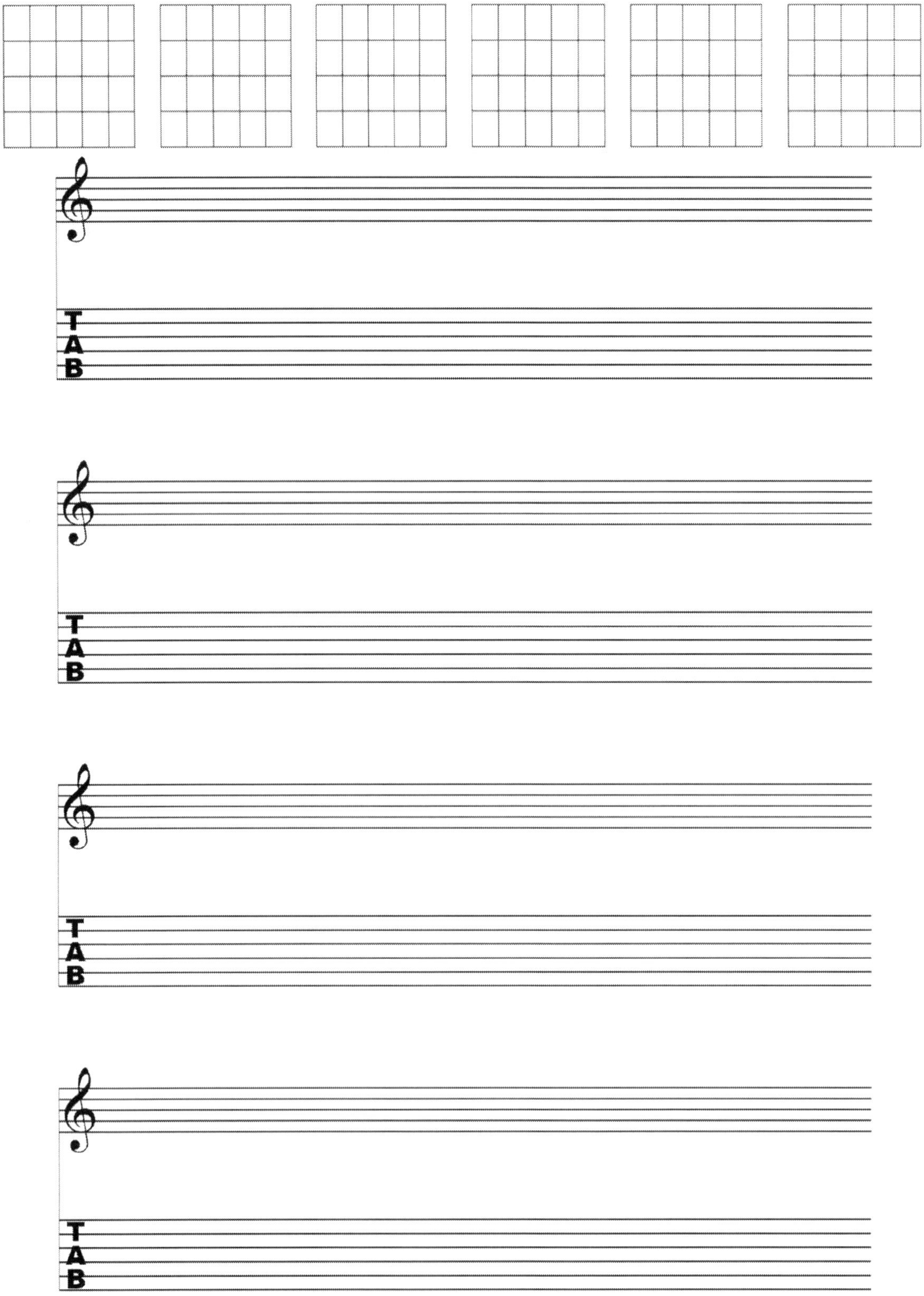
TAB
TAB
TAB
TAB

TAB

TAB

TAB

TAB

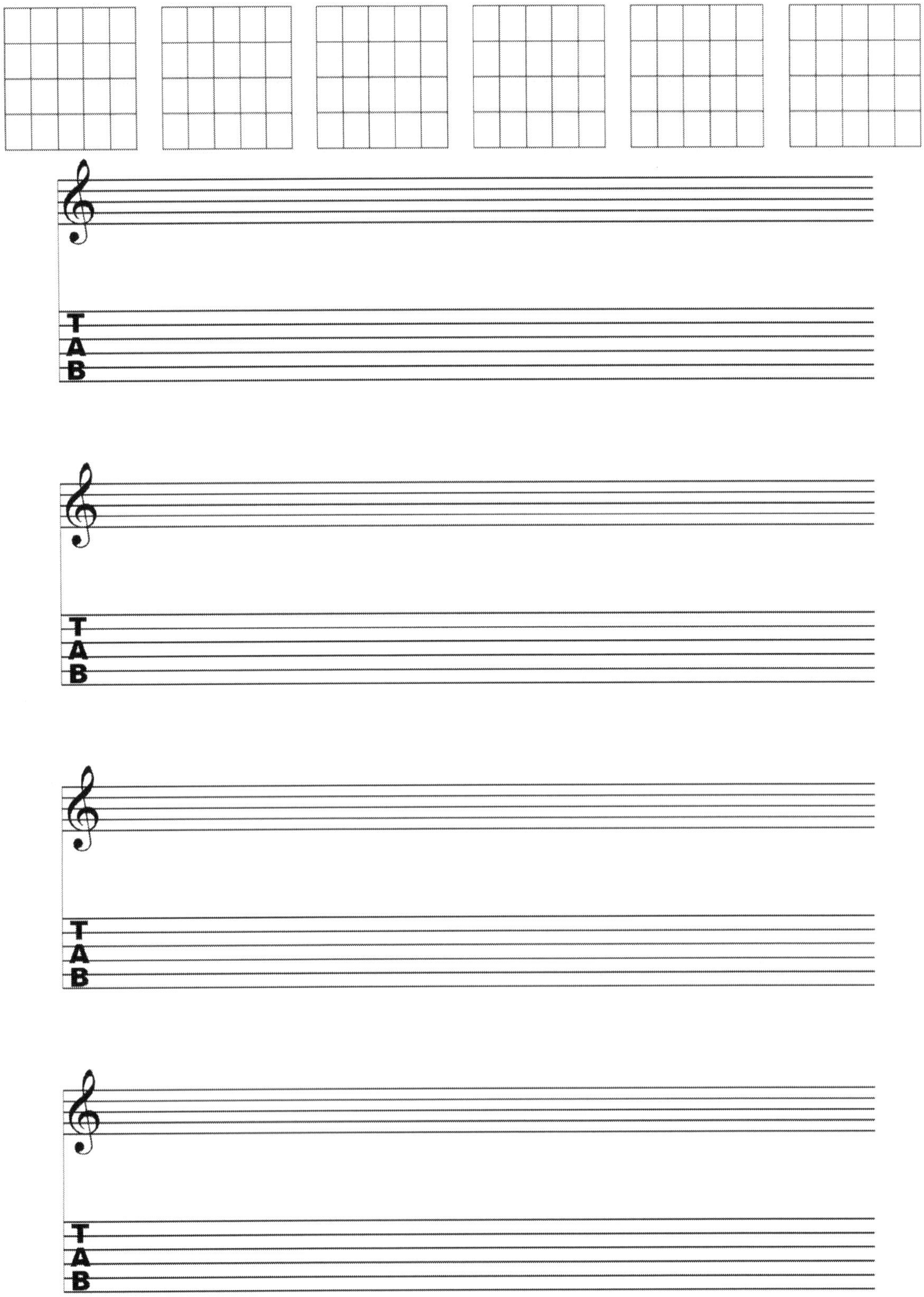
TAB
TAB
TAB
TAB

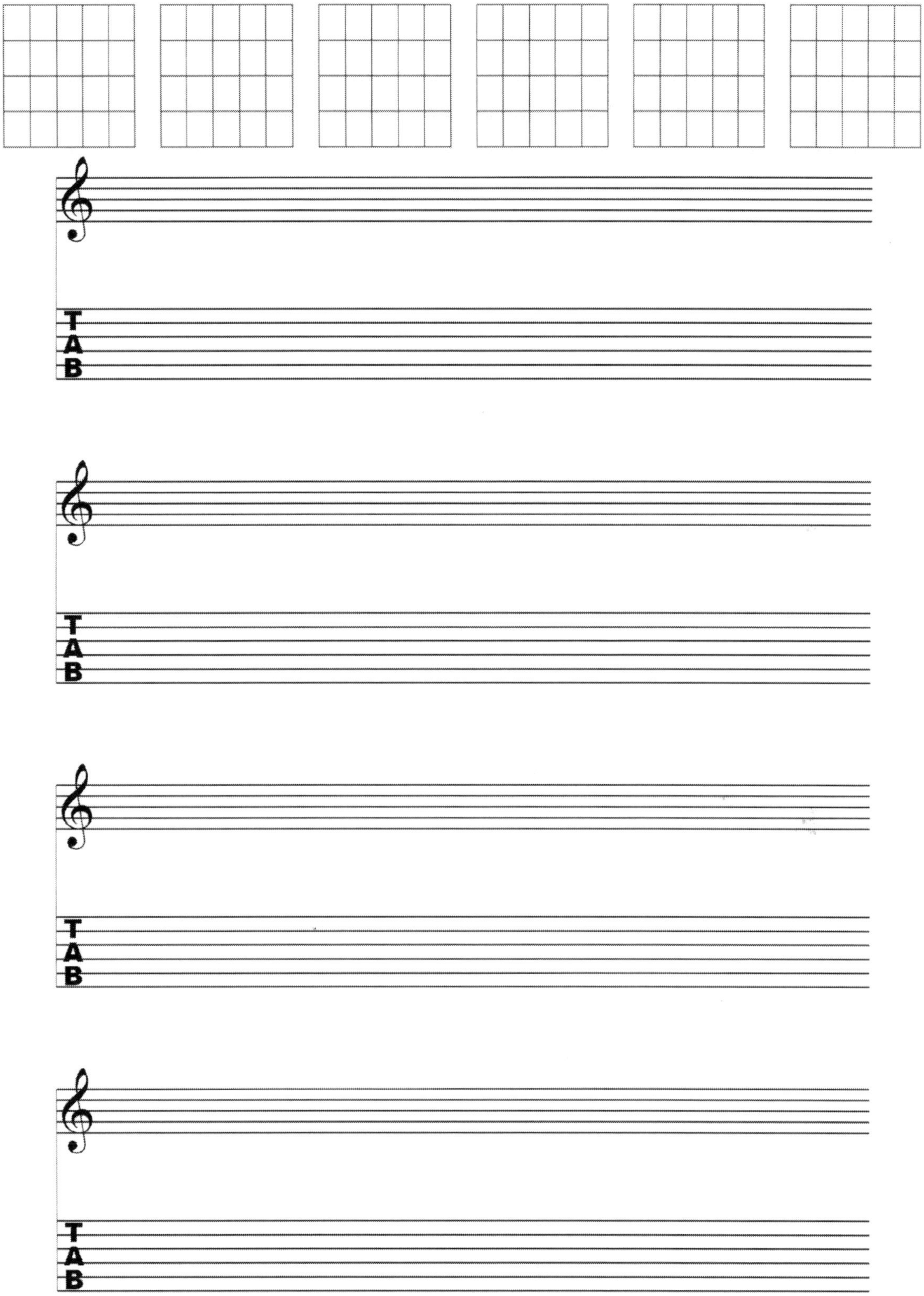
TAB

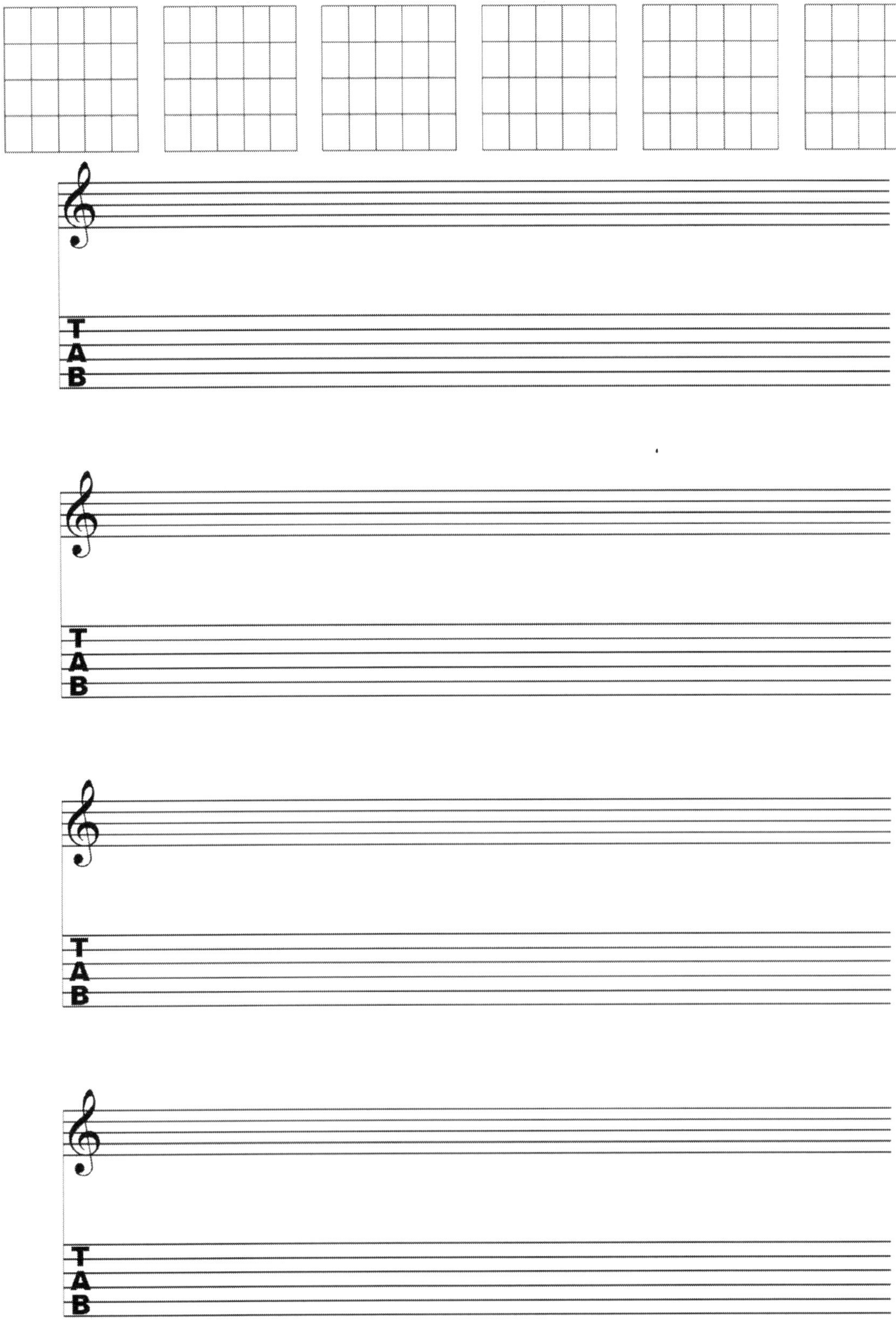
TAB
TAB
TAB
TAB

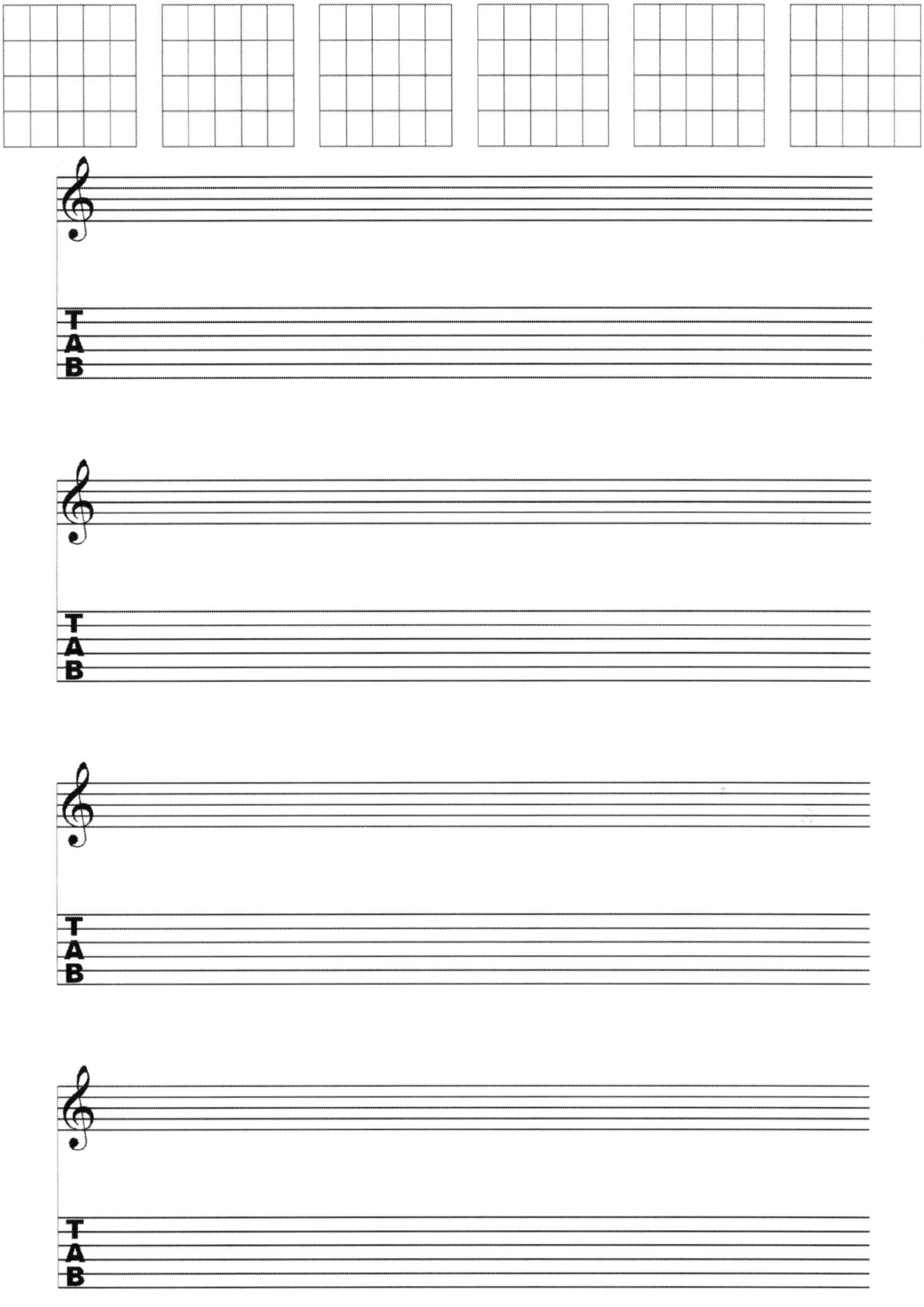
TAB
TAB
TAB
TAB

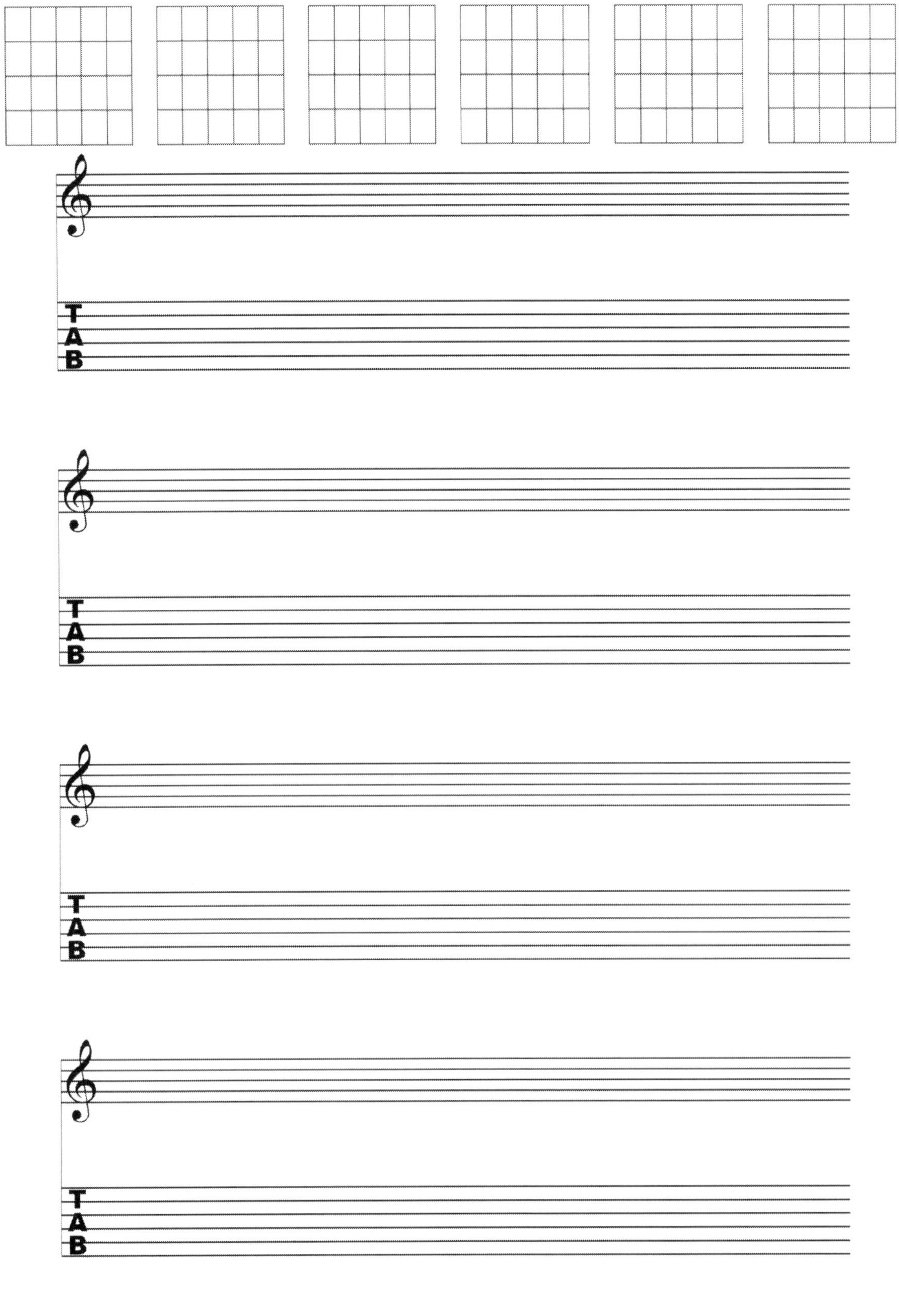
TAB
TAB
TAB
TAB

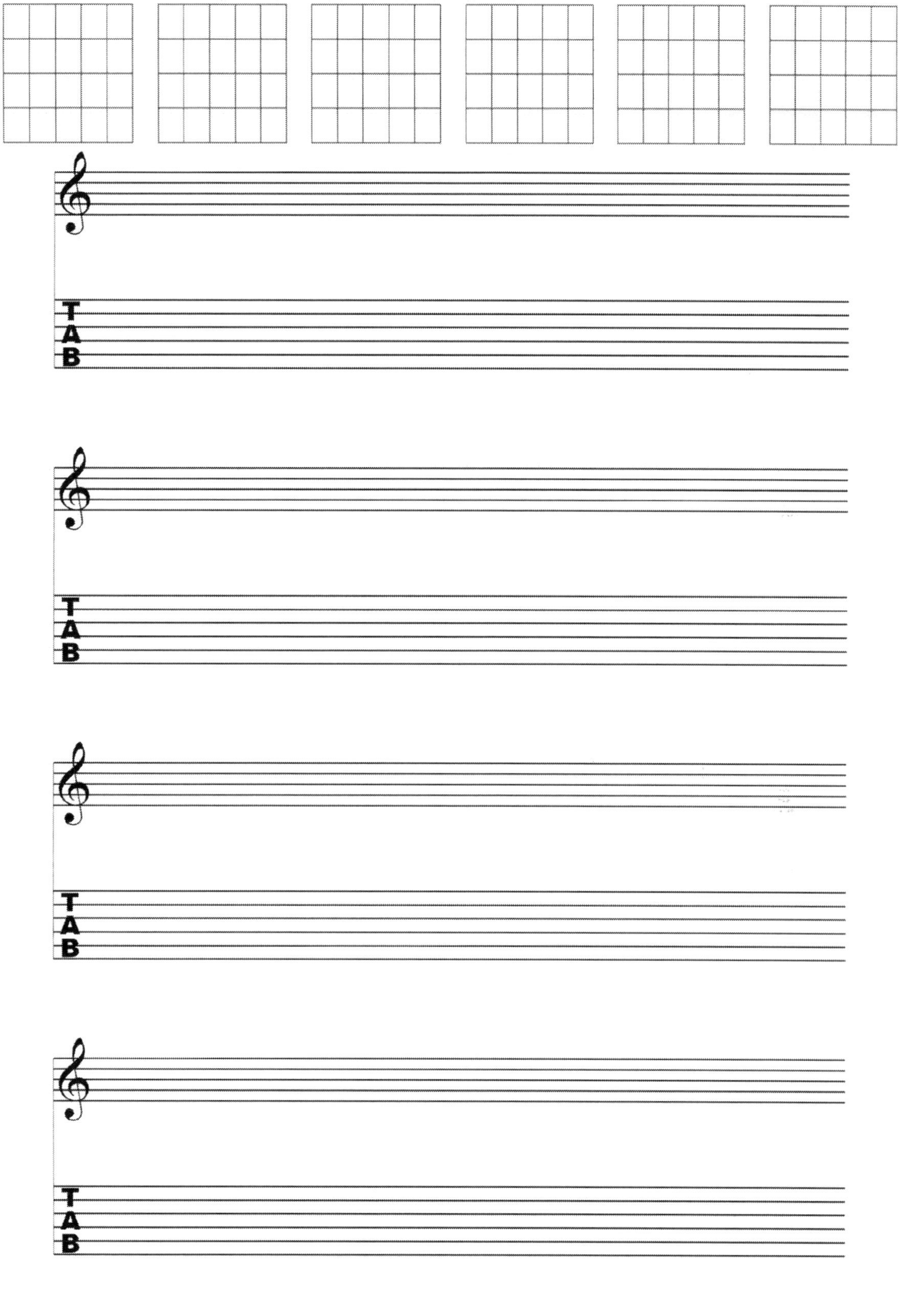
TAB
TAB
TAB
TAB

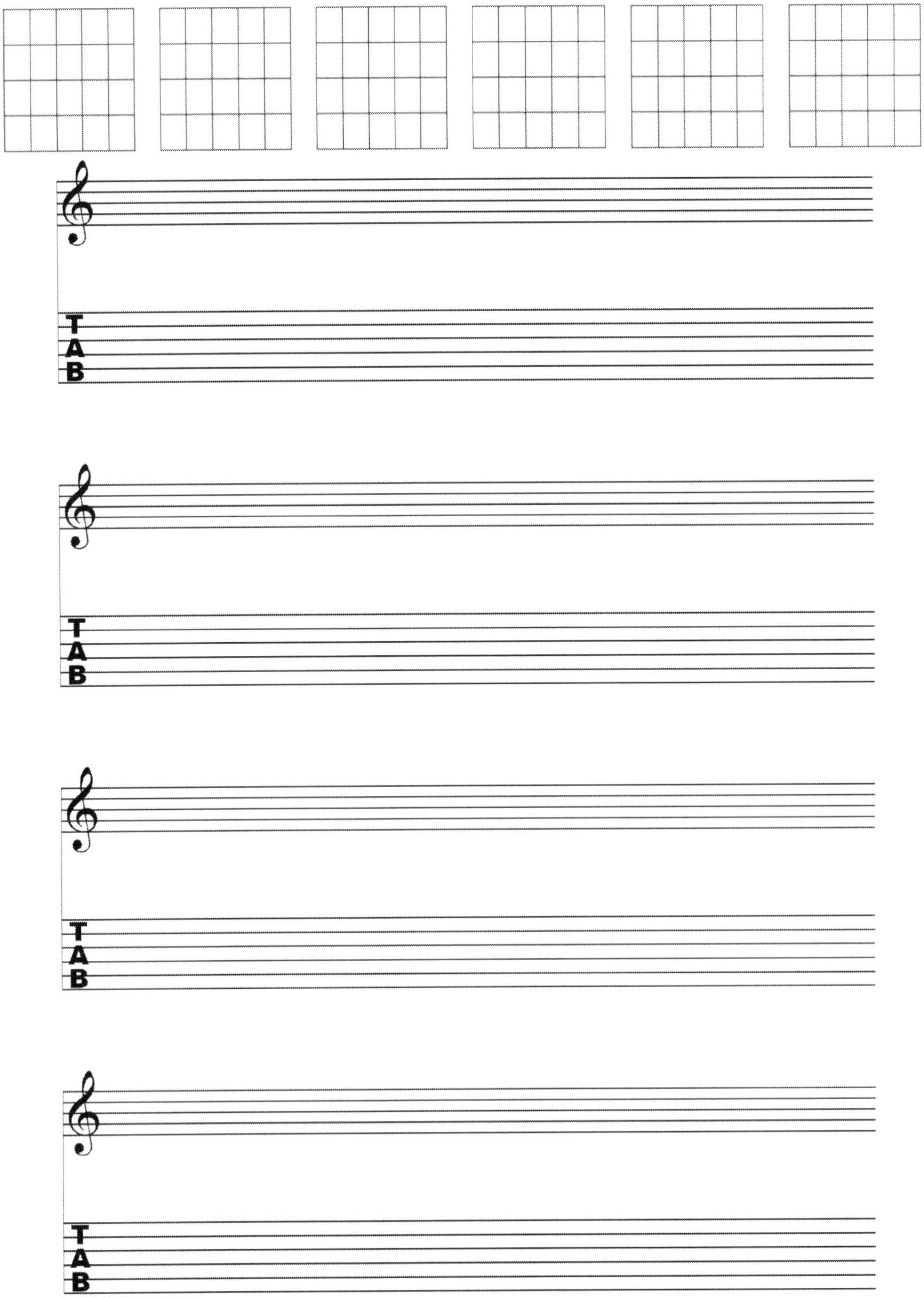

T
A
B

T
A
B

T
A
B

T
A
B

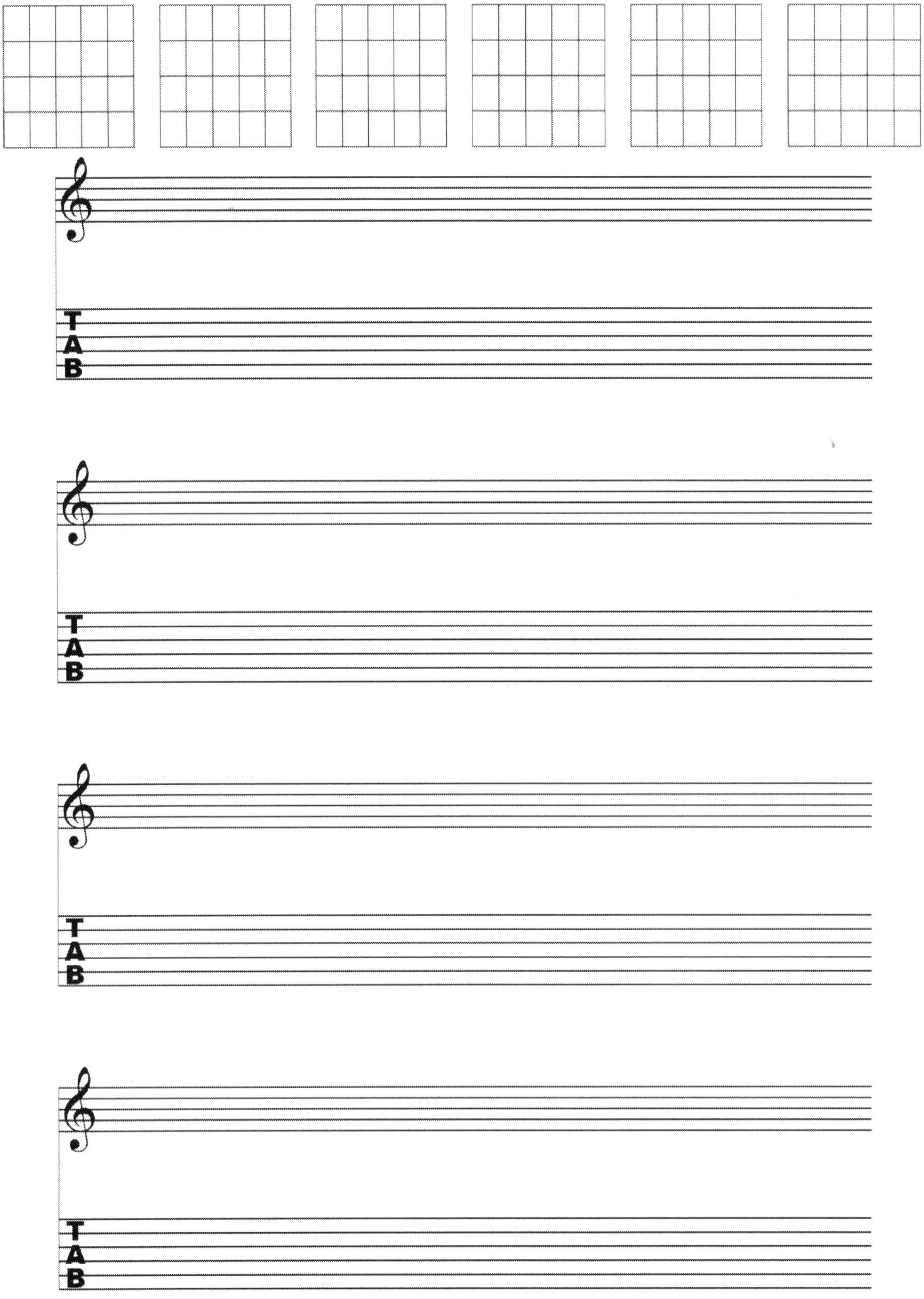
TAB
TAB
TAB
TAB

TAB

TAB

TAB

TAB

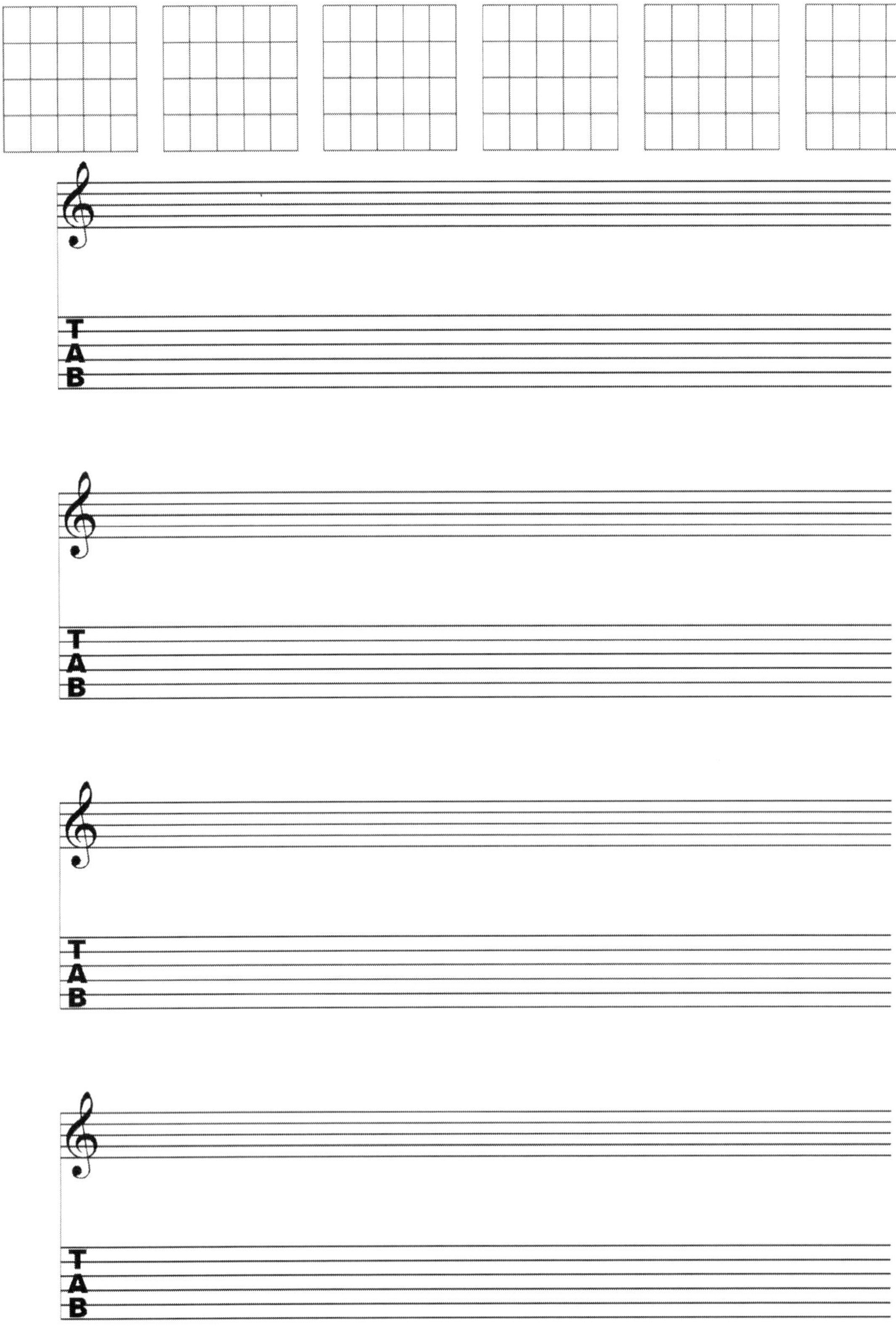
TAB
TAB
TAB
TAB

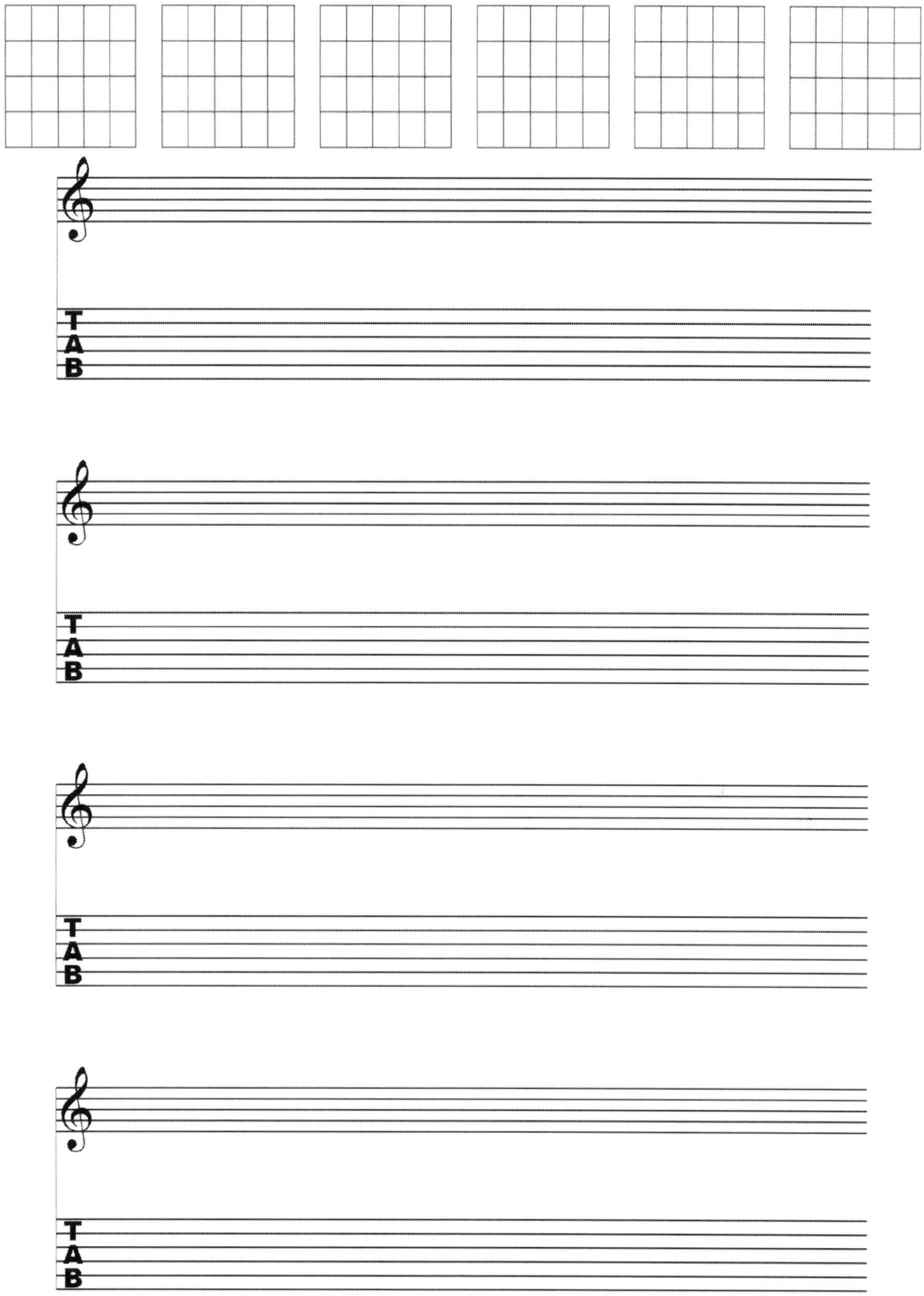

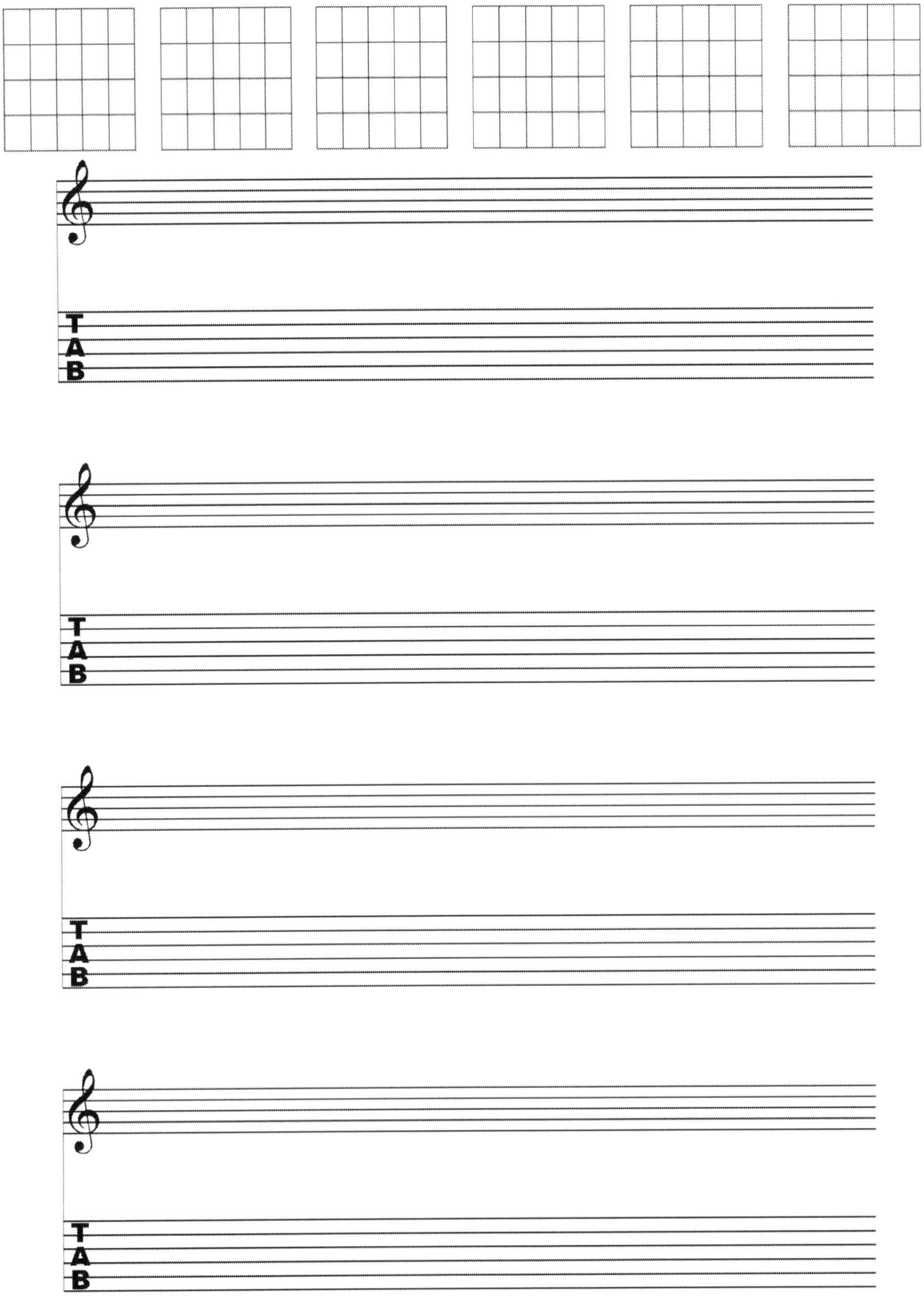
TAB
TAB
TAB
TAB

T
A
B

T
A
B

T
A
B

T
A
B

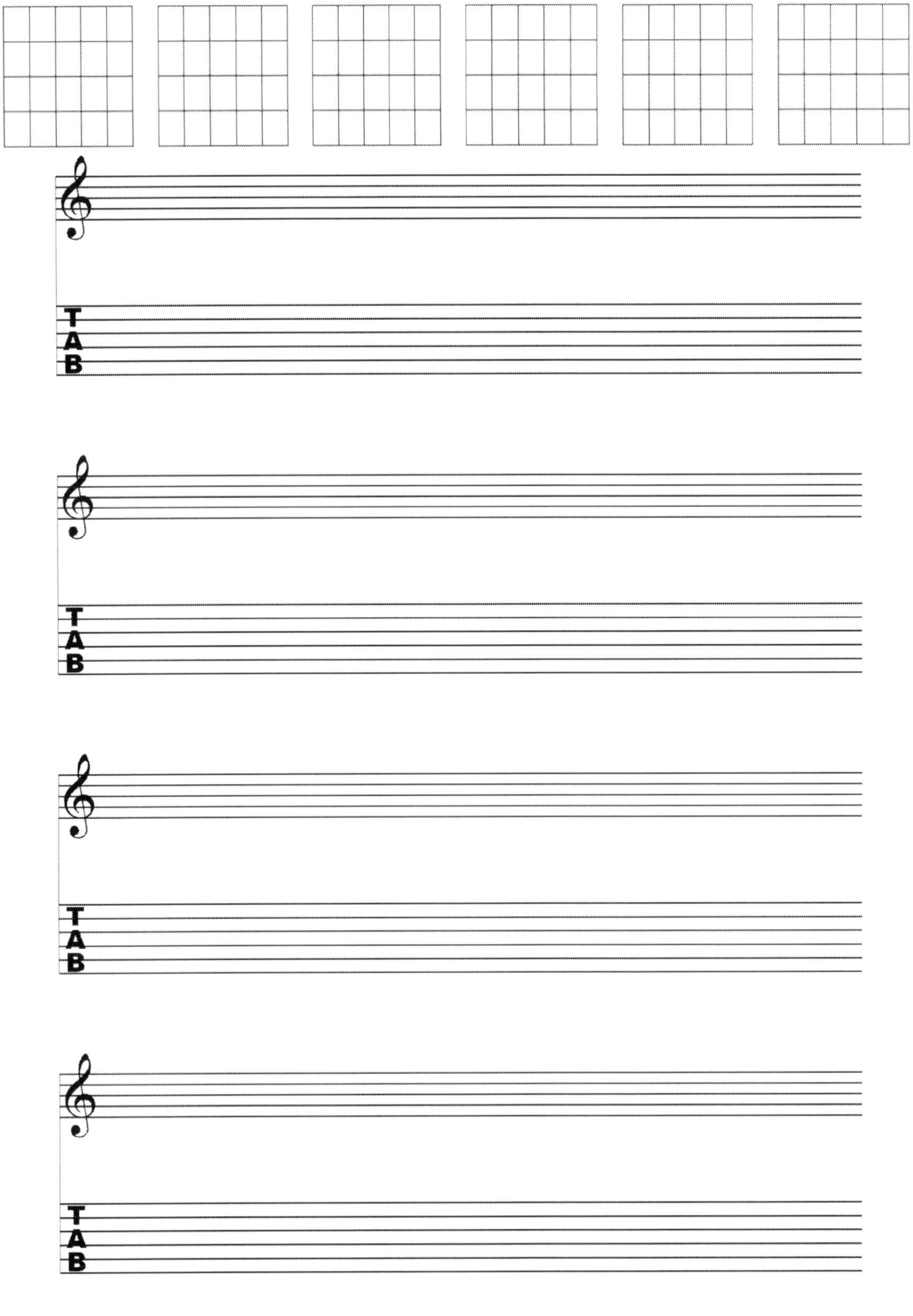
TAB
TAB
TAB
TAB

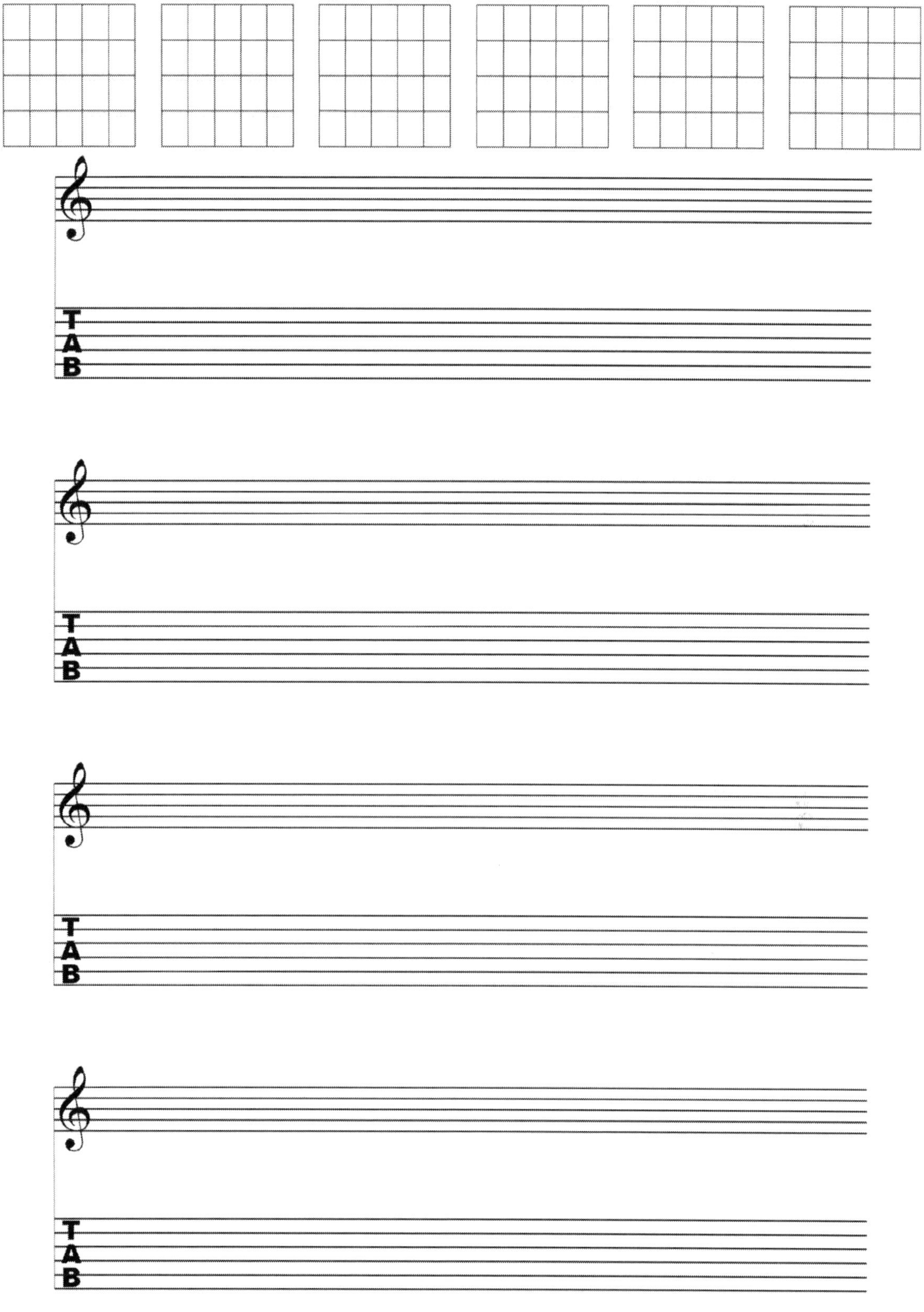
T
A
B
T
A
B
T
A
B
T
A
B

TAB

TAB

TAB

TAB